Grande lecture
Edition

Retrouvez dans cet ouvrage plus de 100 designs de symboles Vikings afin de vous inspirer pour votre futur tatouage.

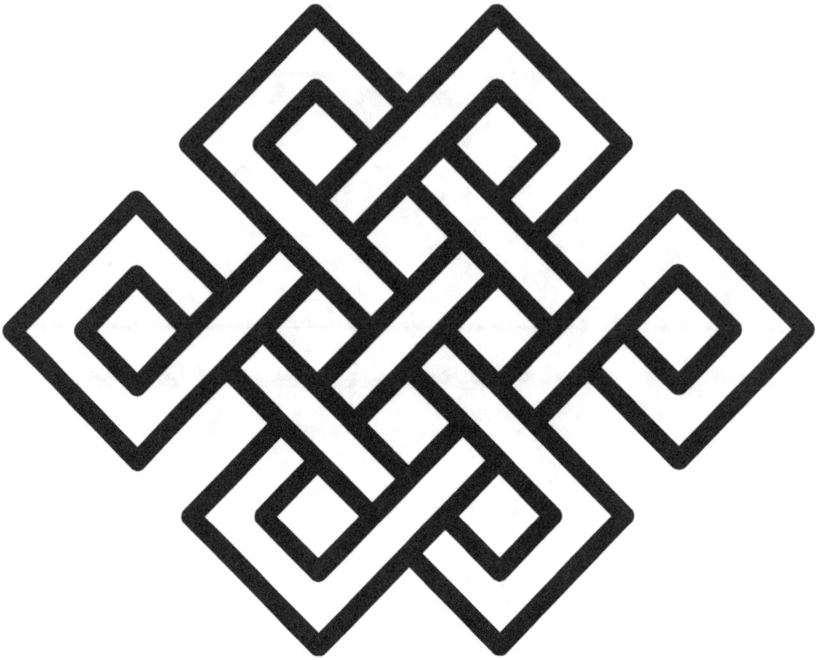

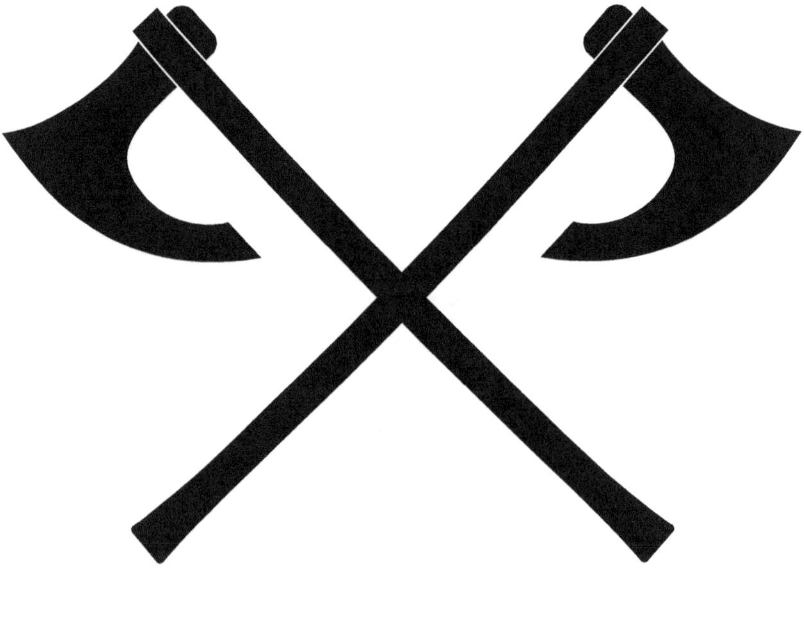

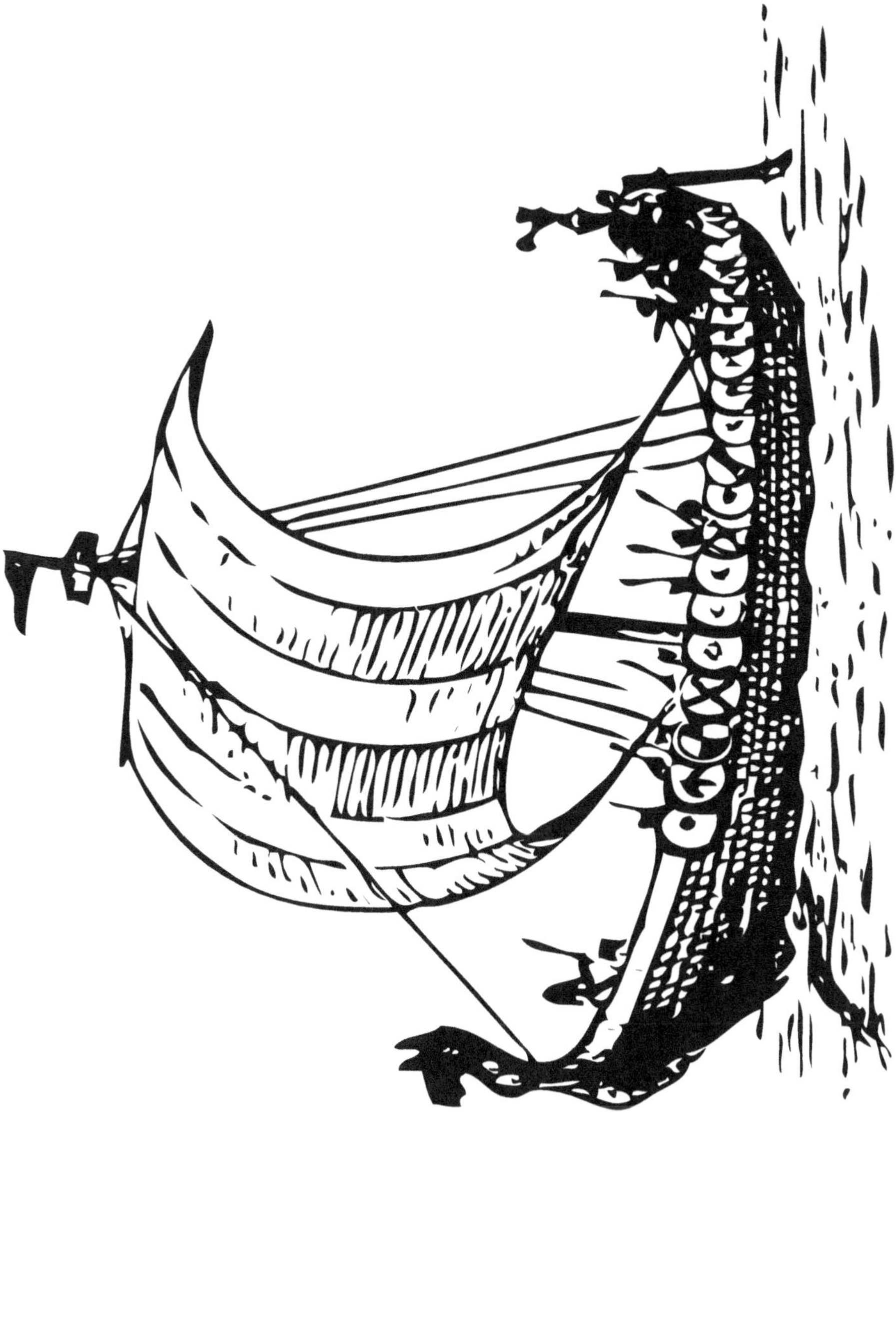

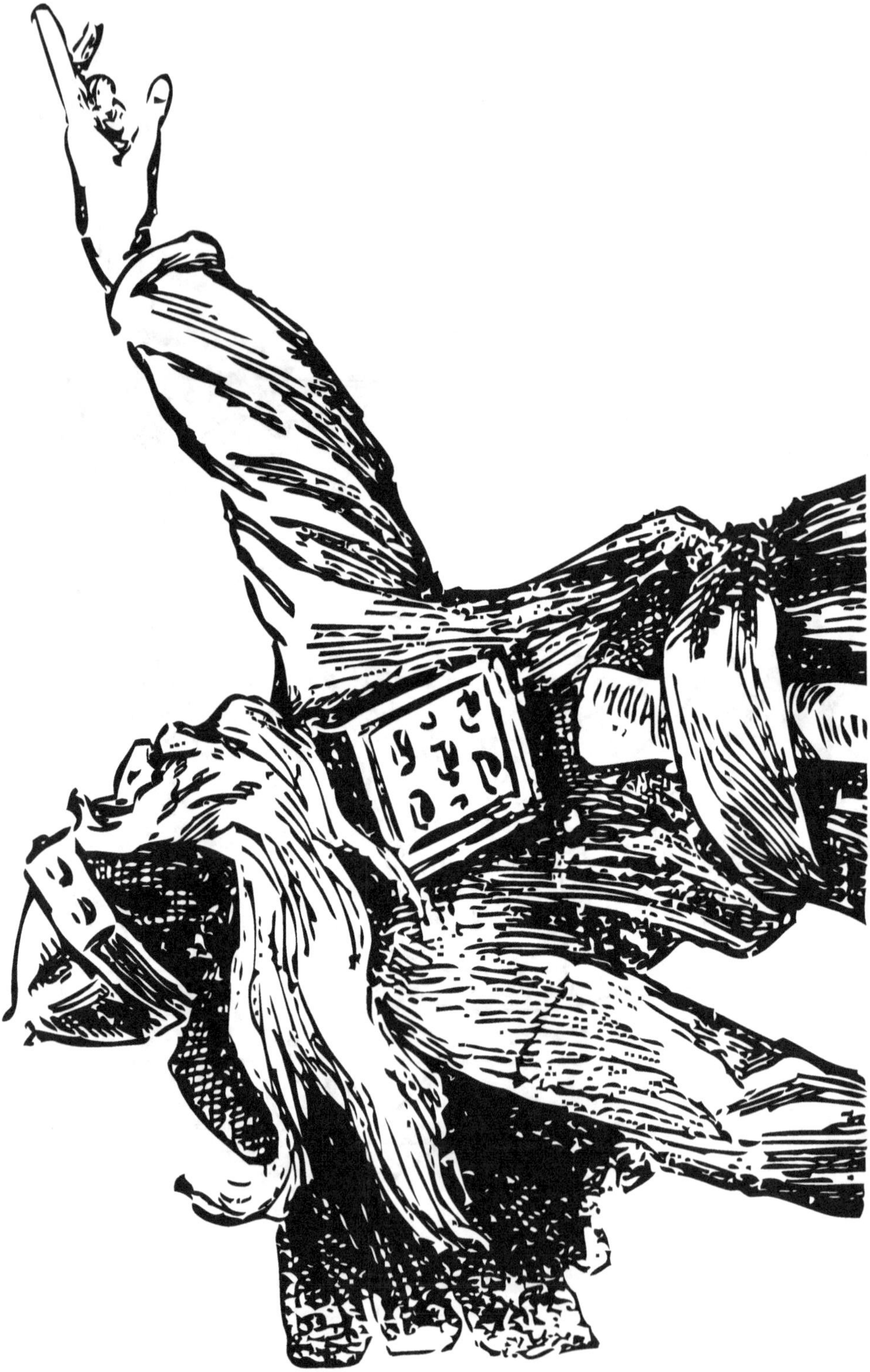

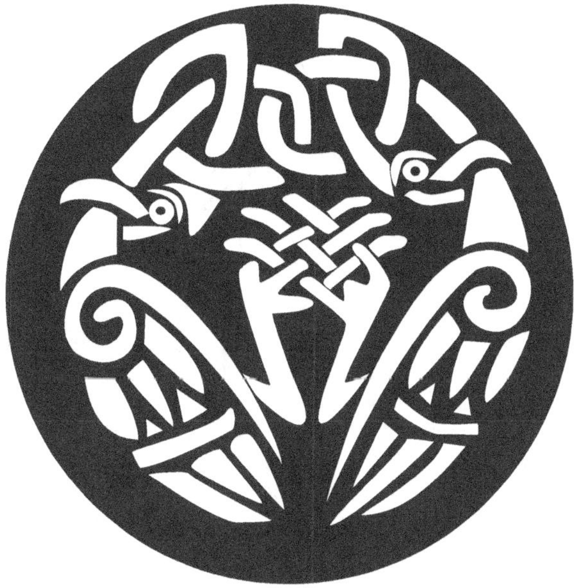

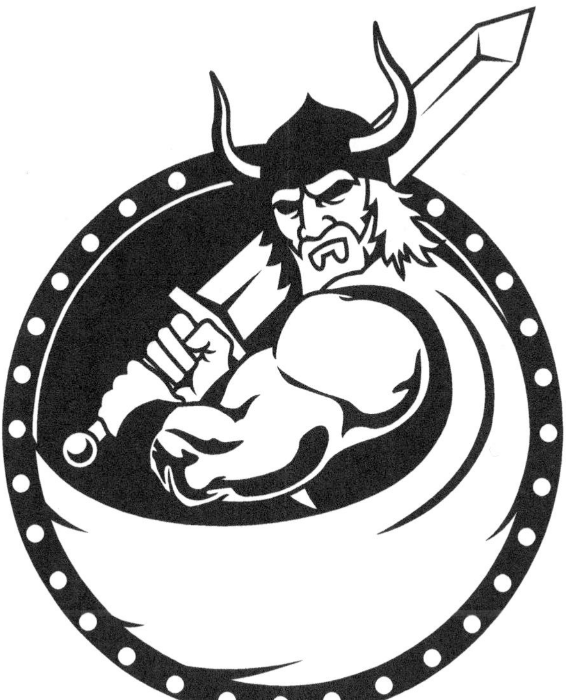

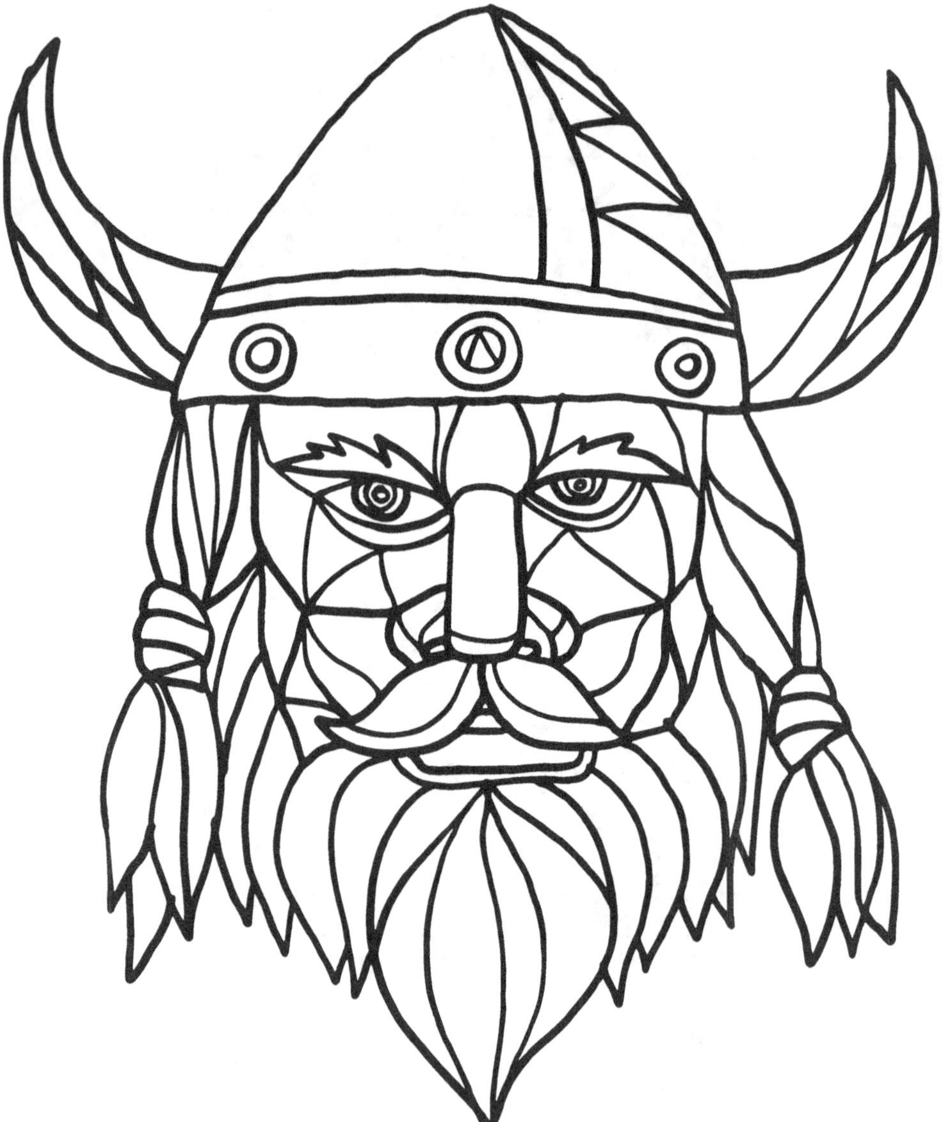

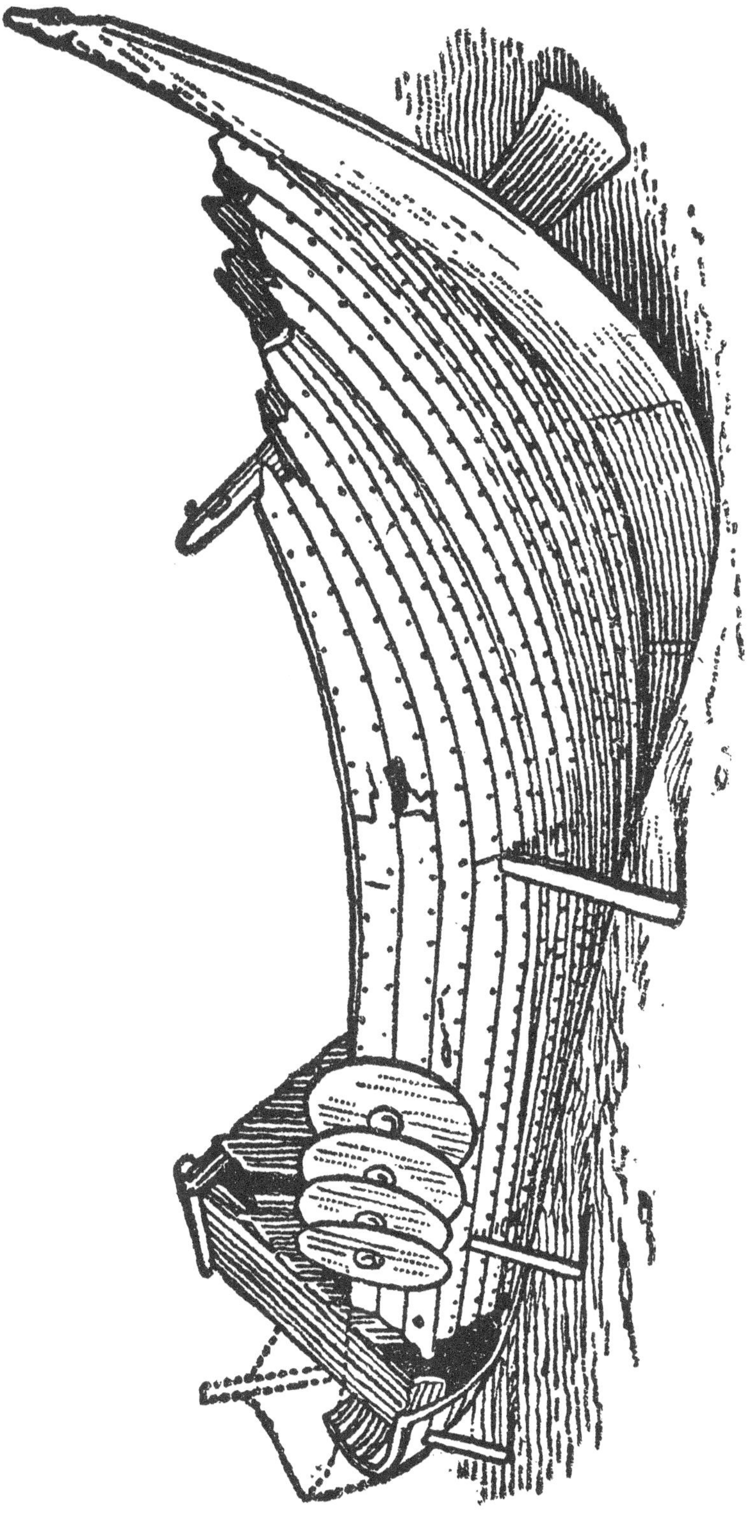

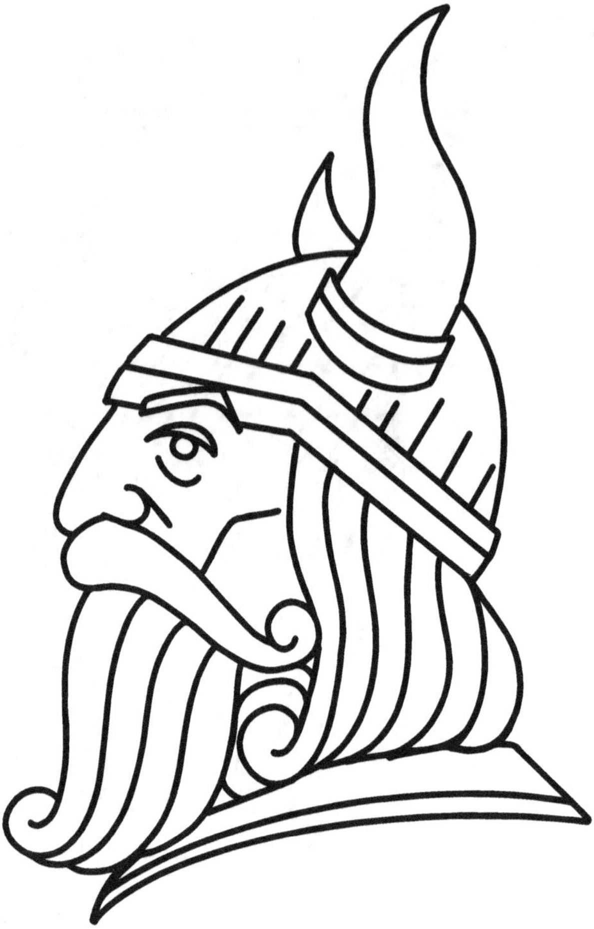

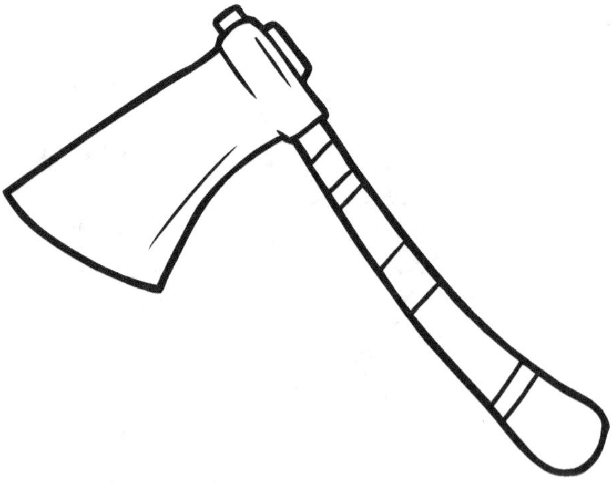

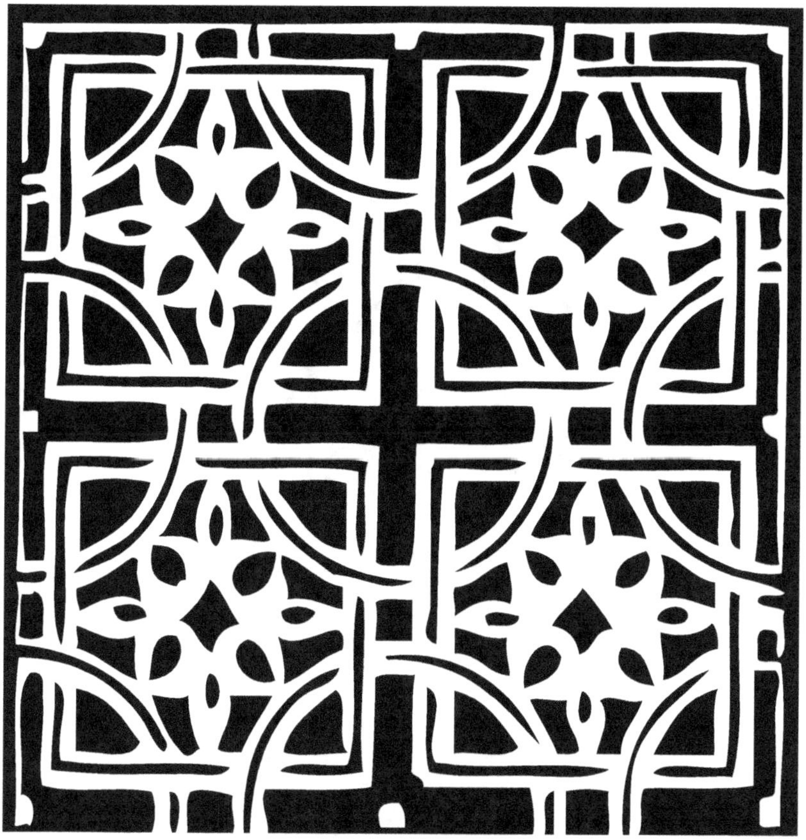

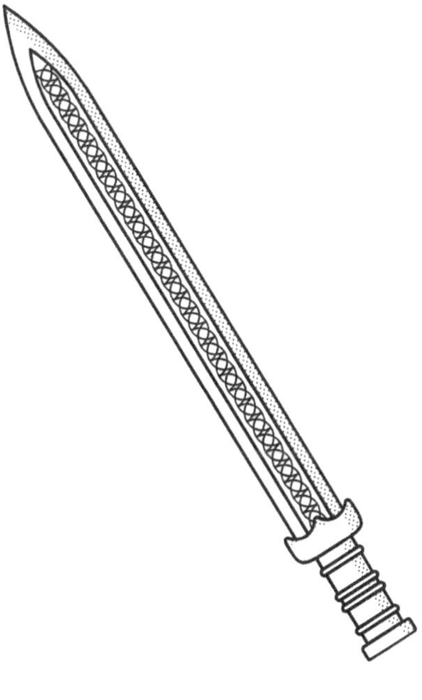

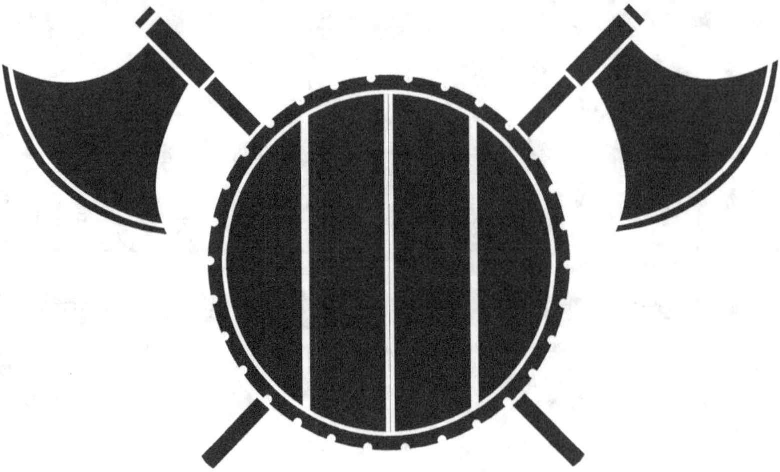

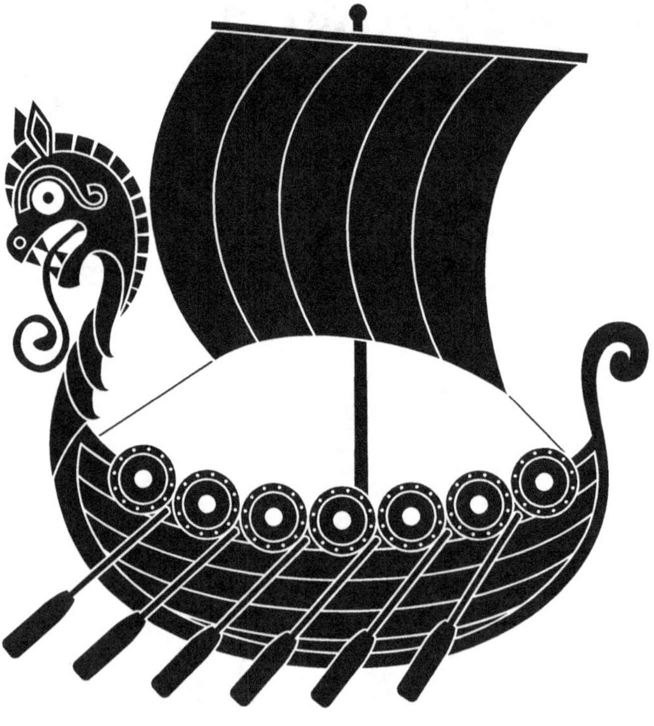

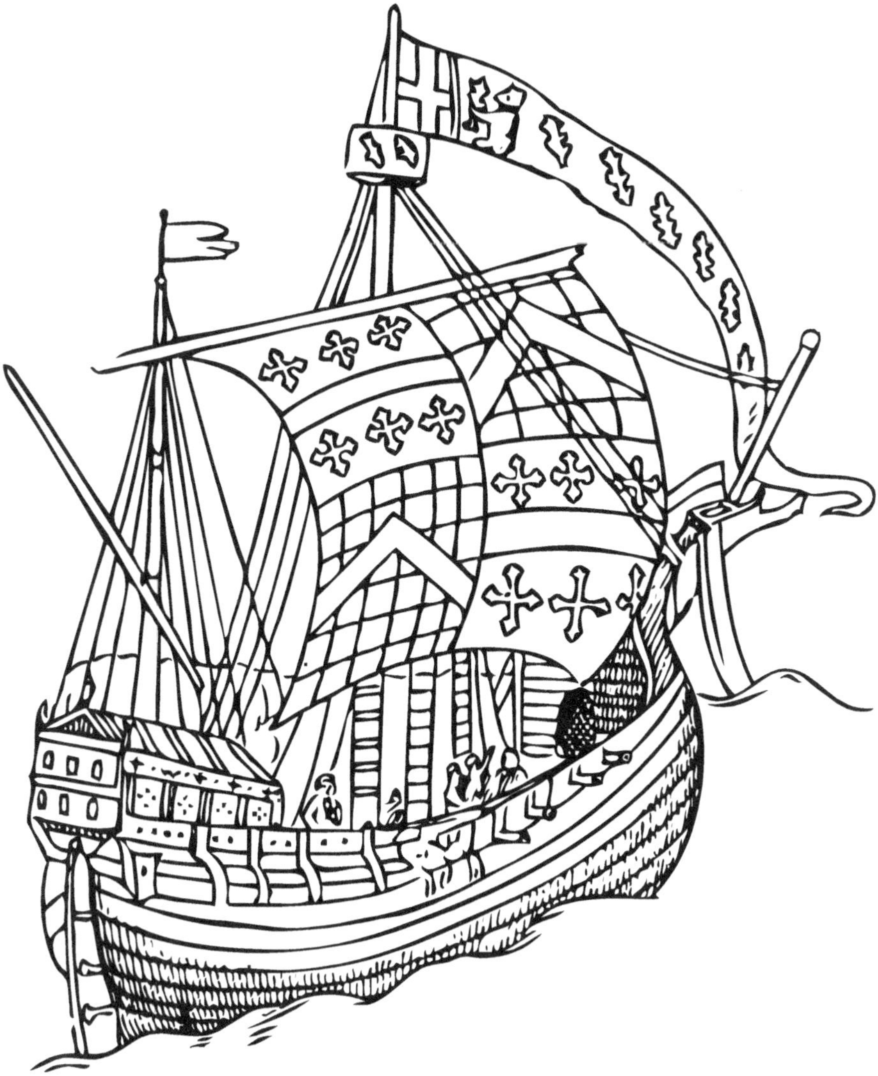

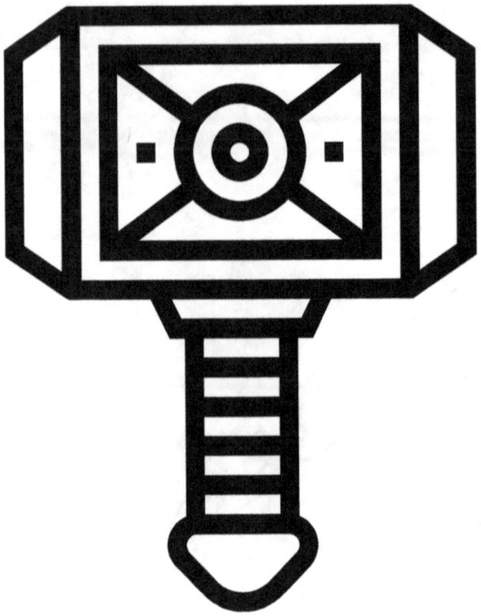

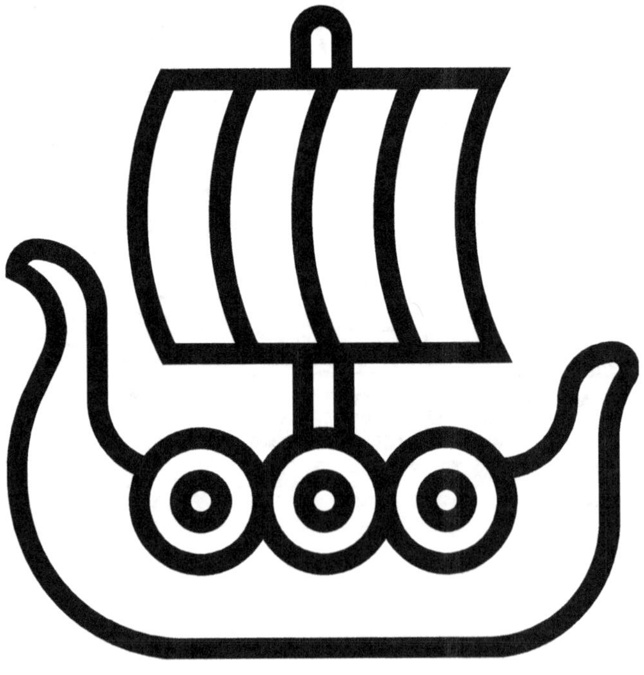

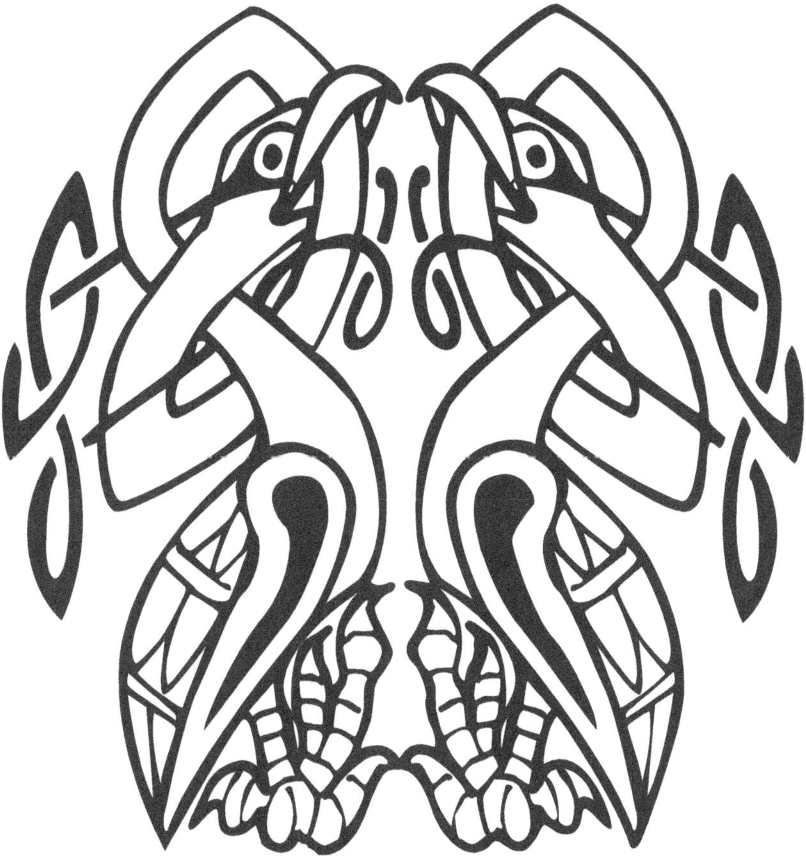

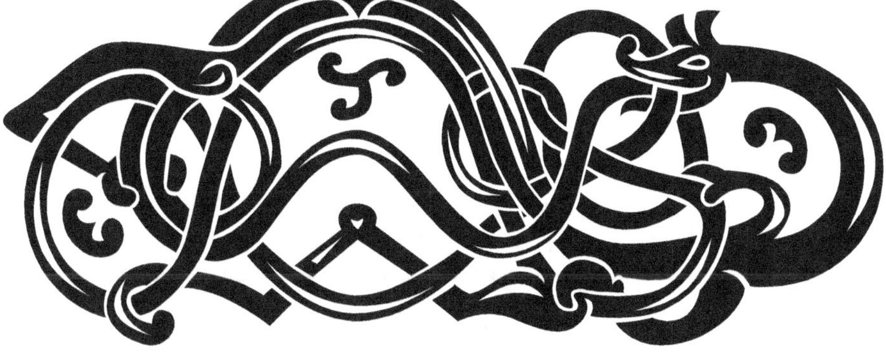

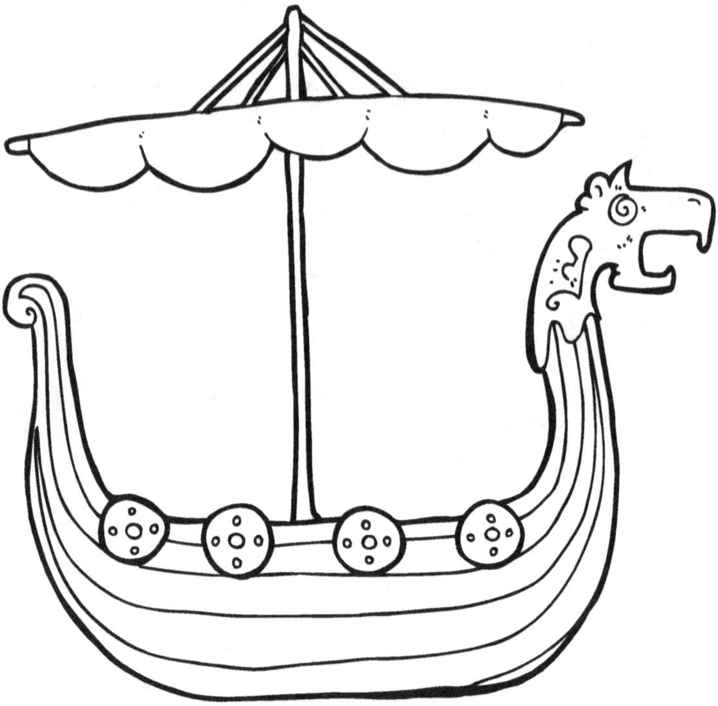

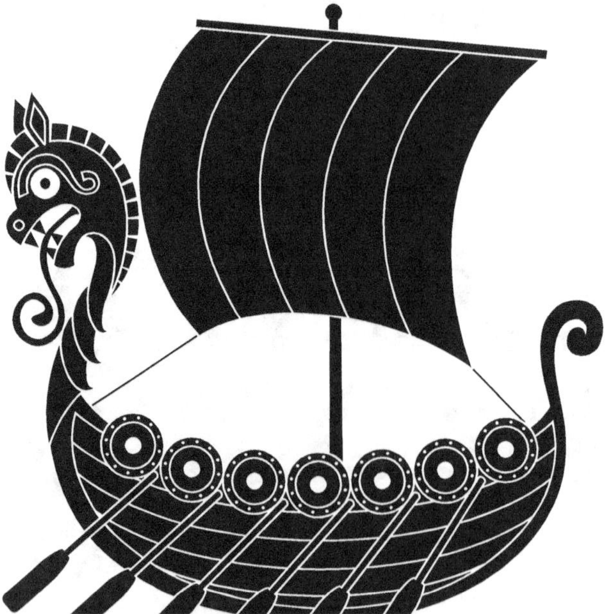

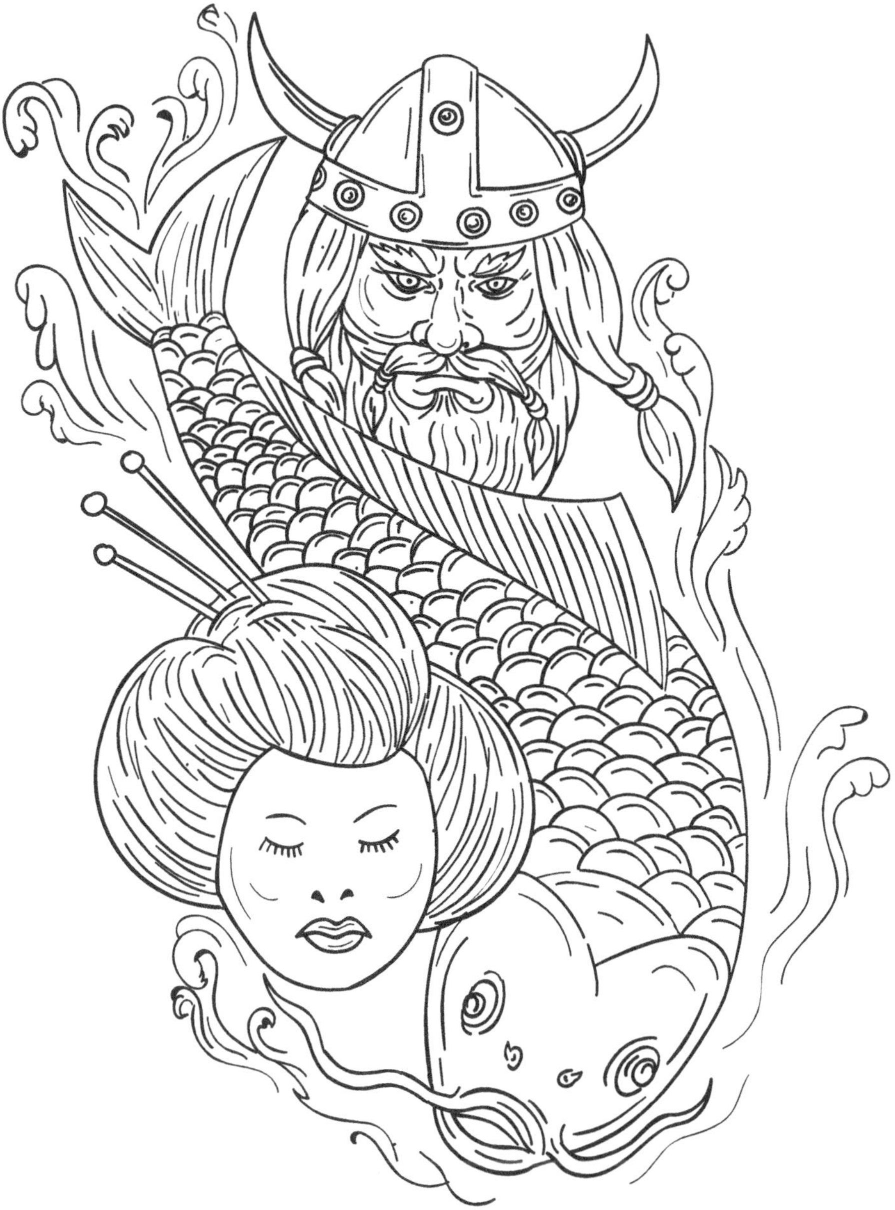

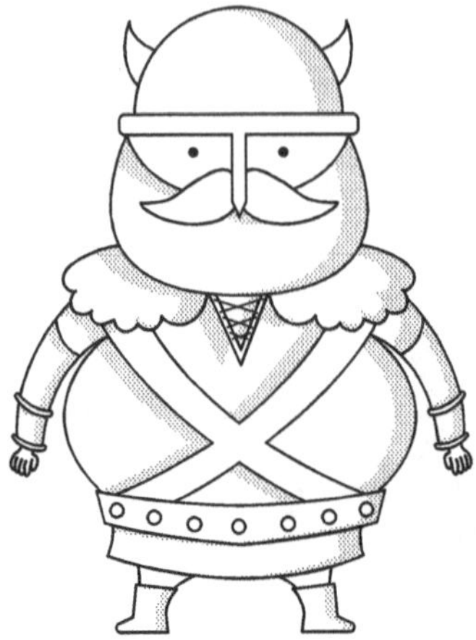
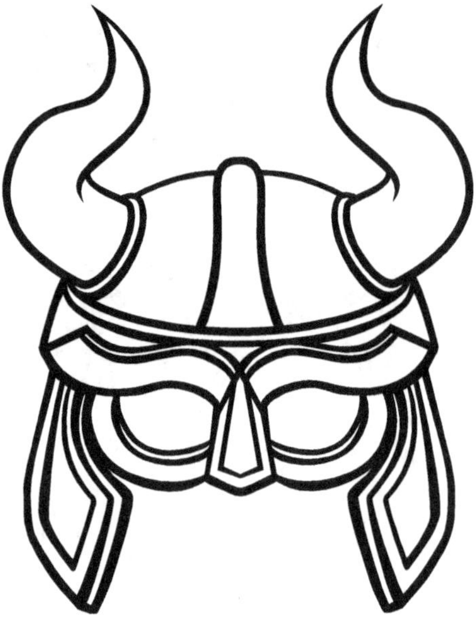
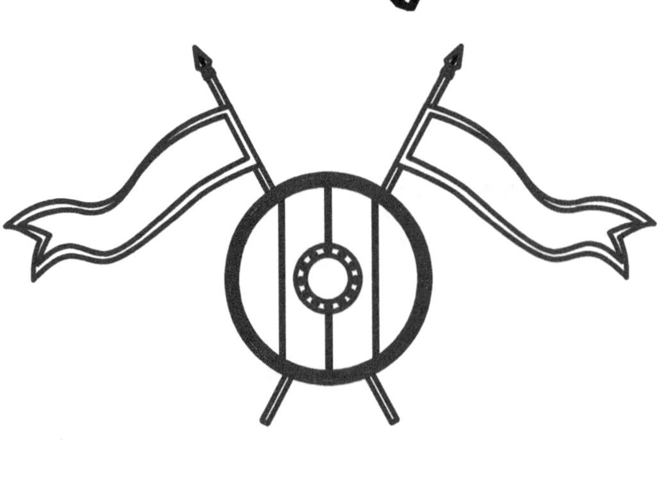

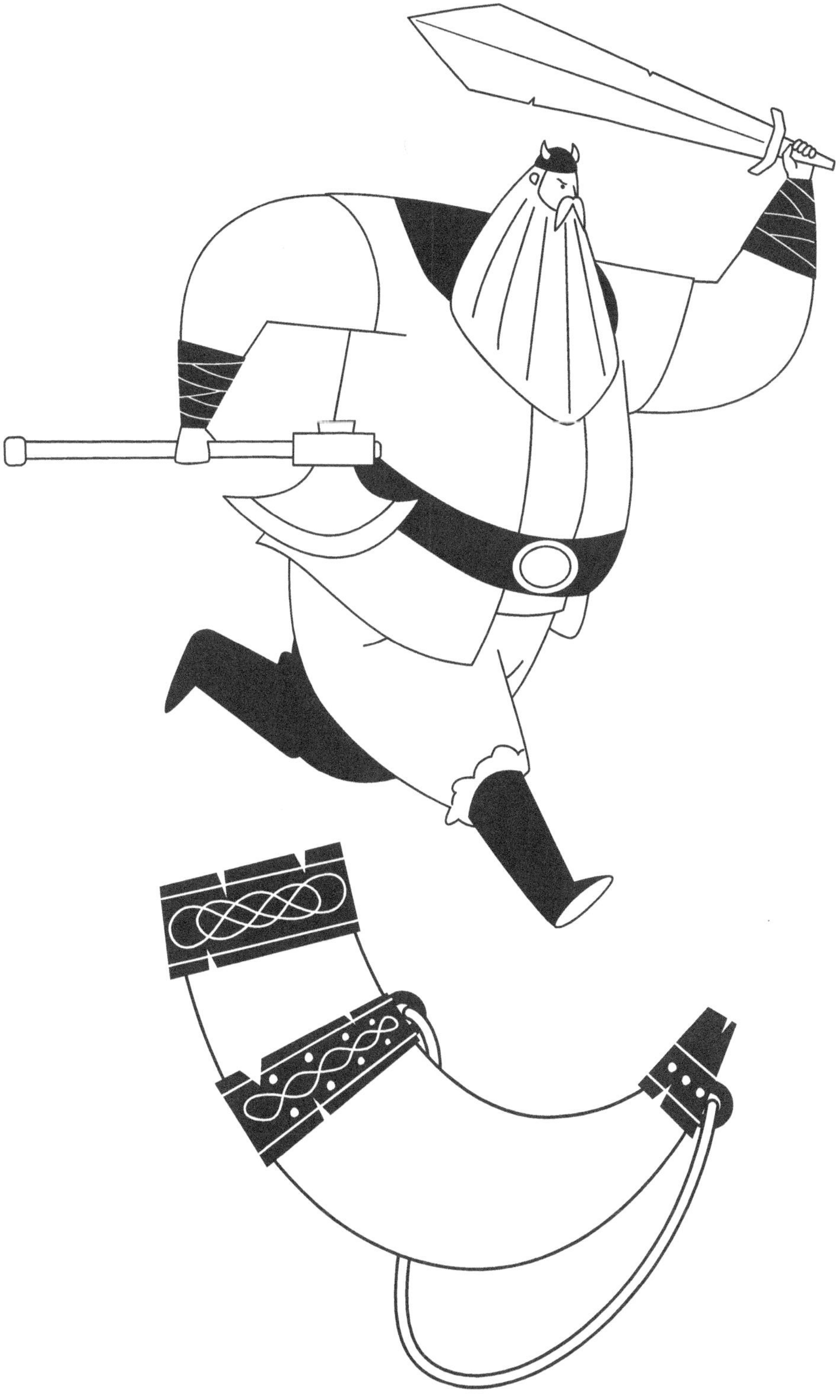

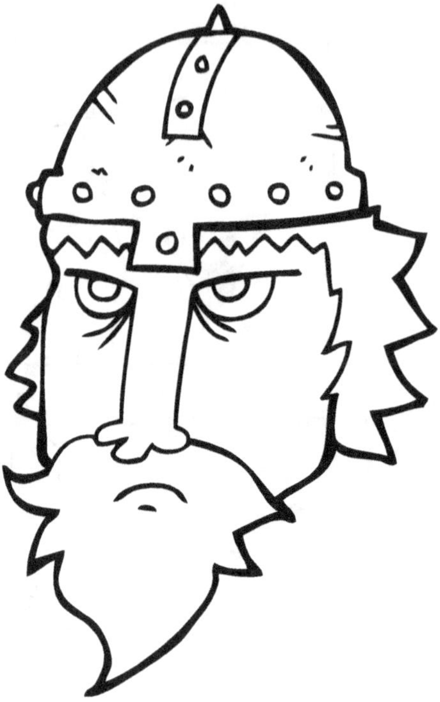

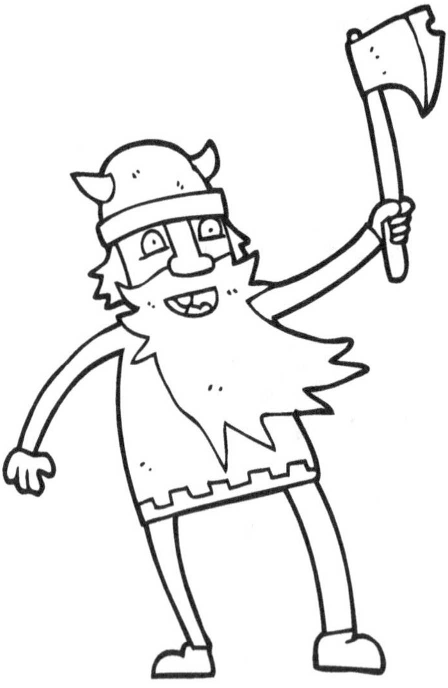

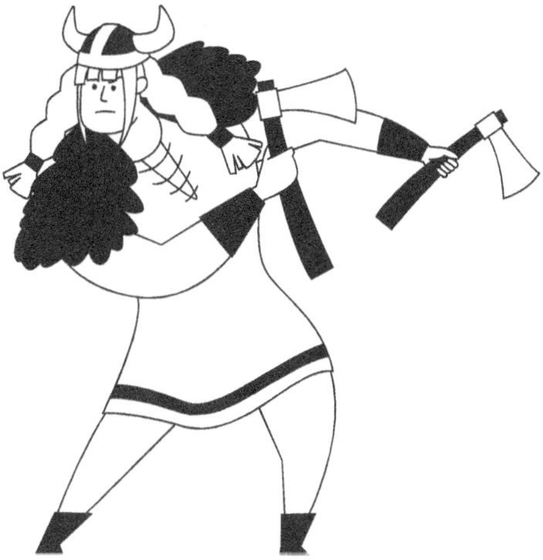

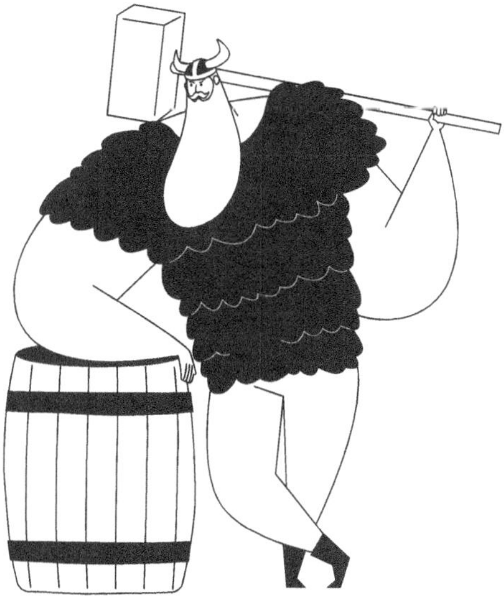

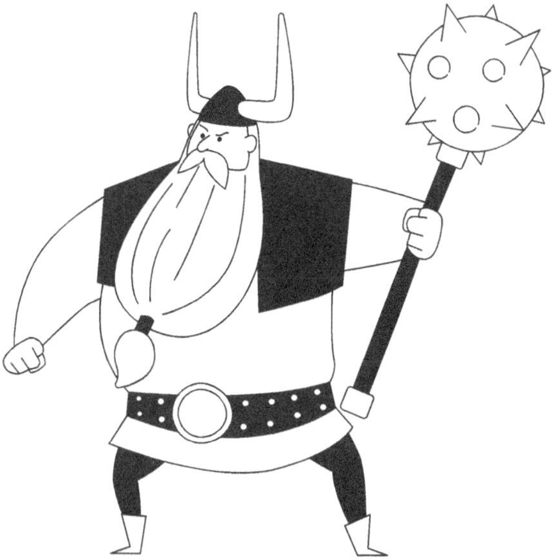

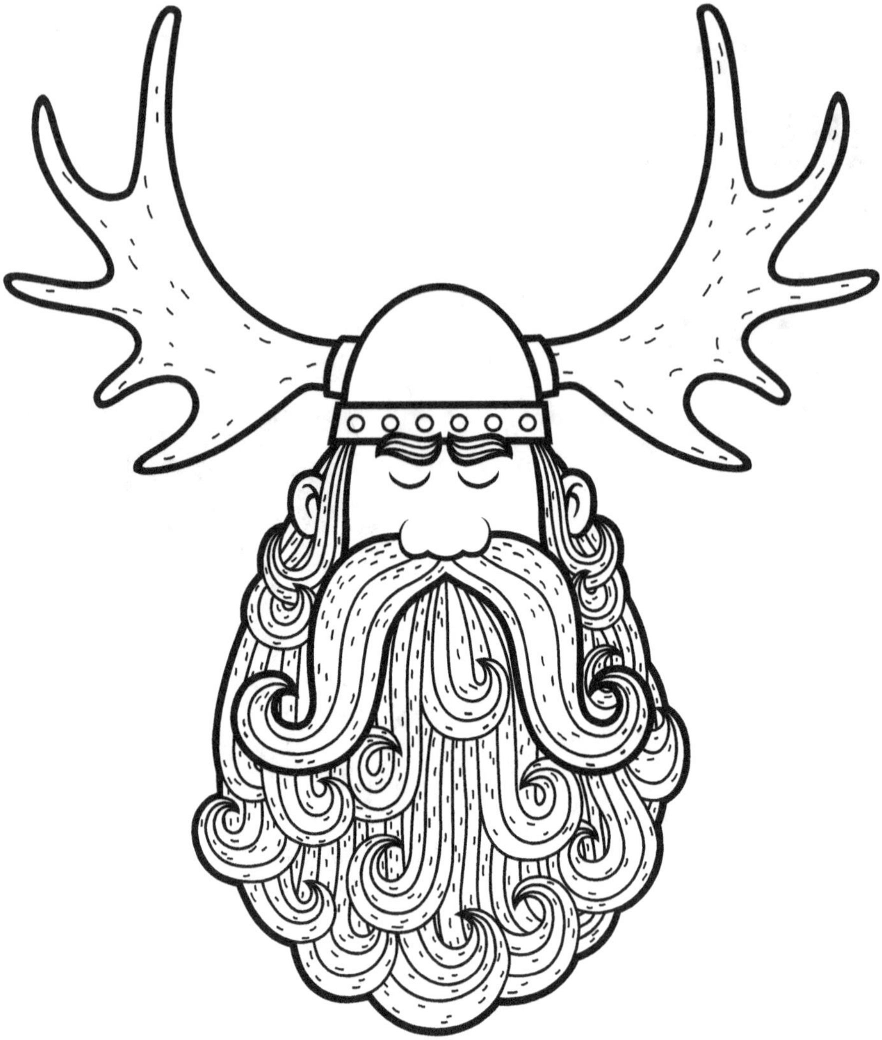

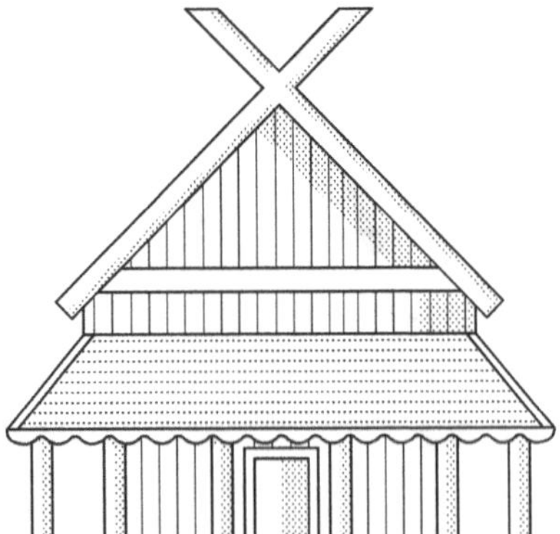

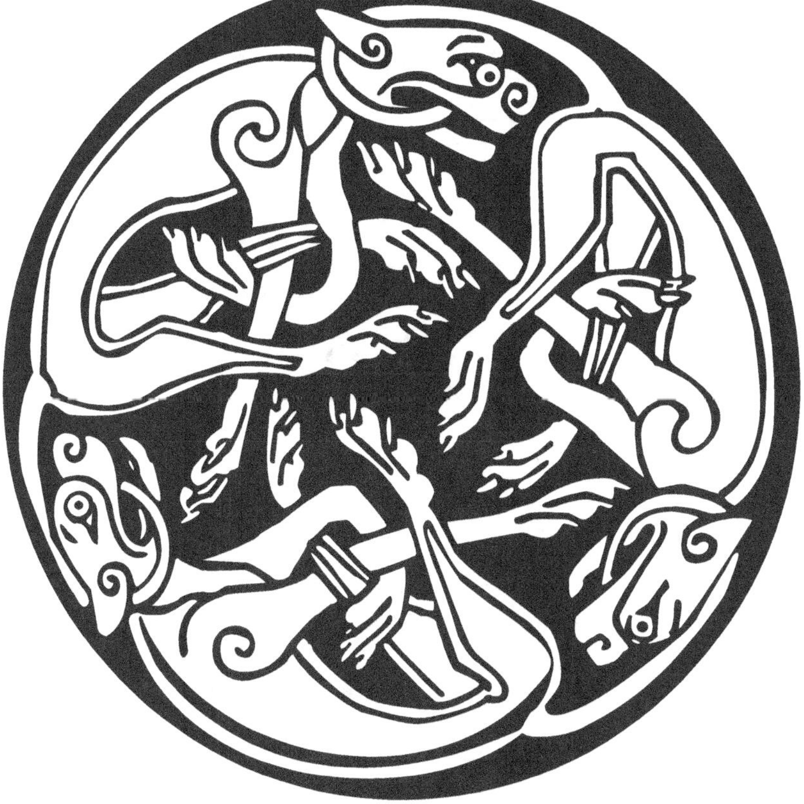

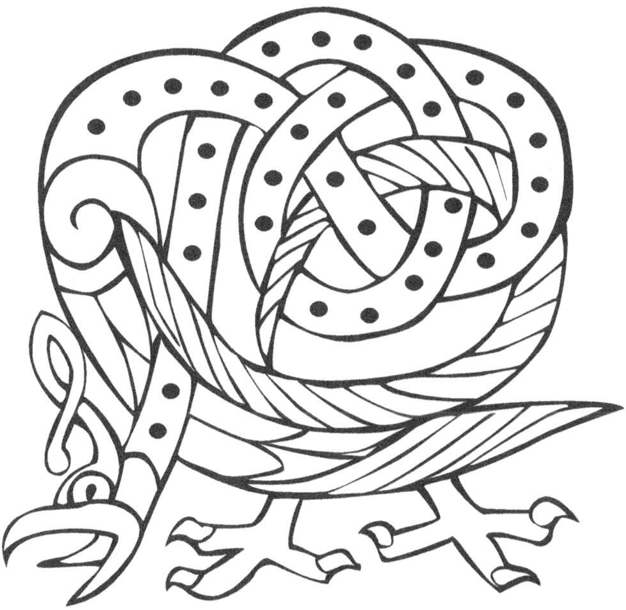

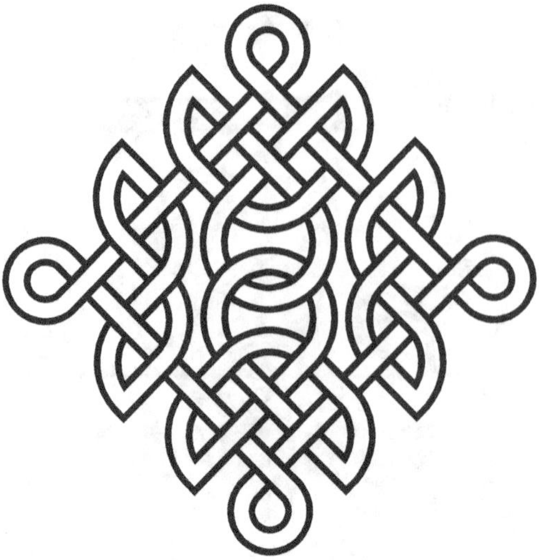

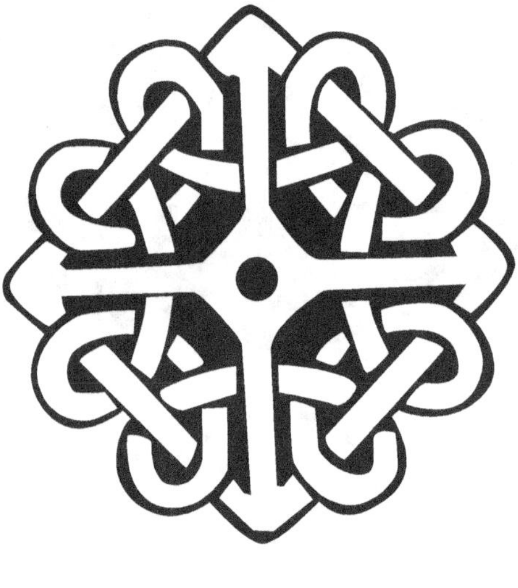

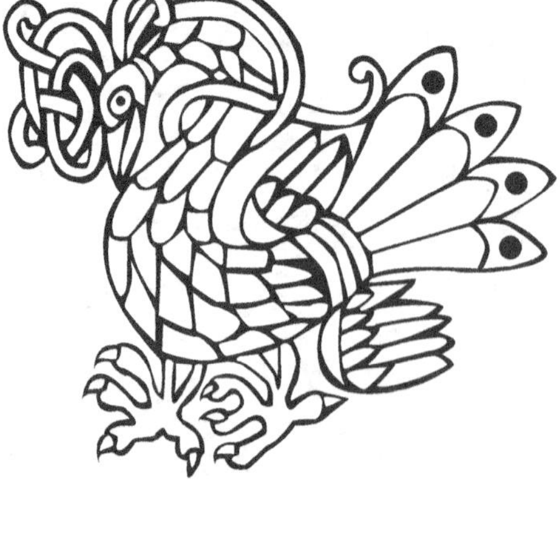

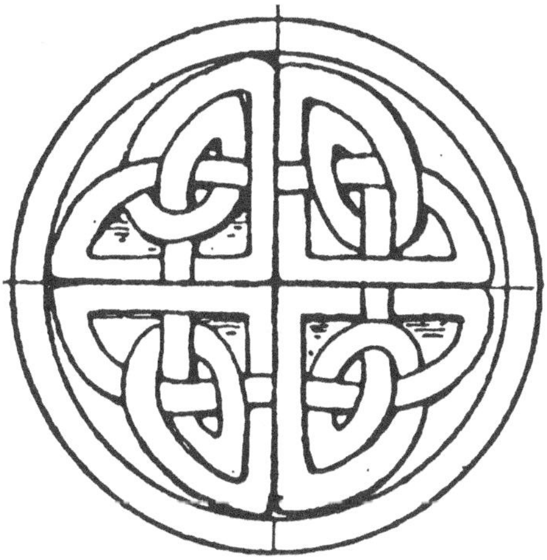

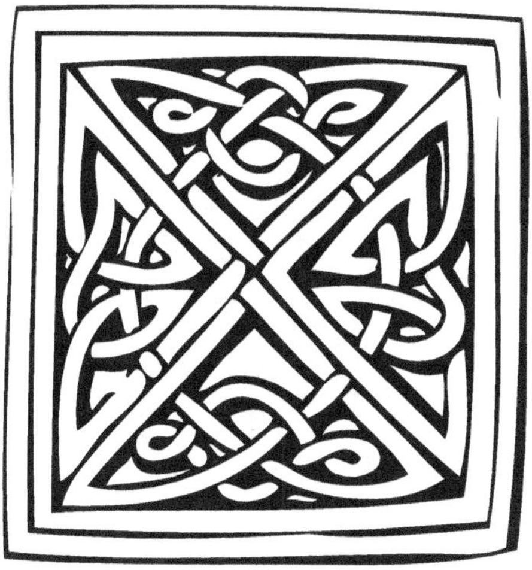

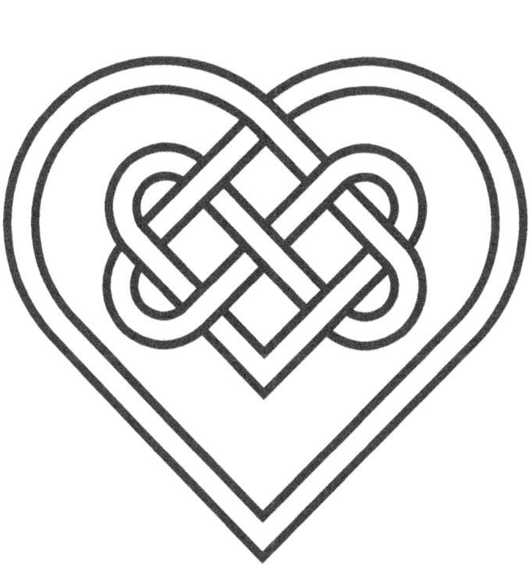

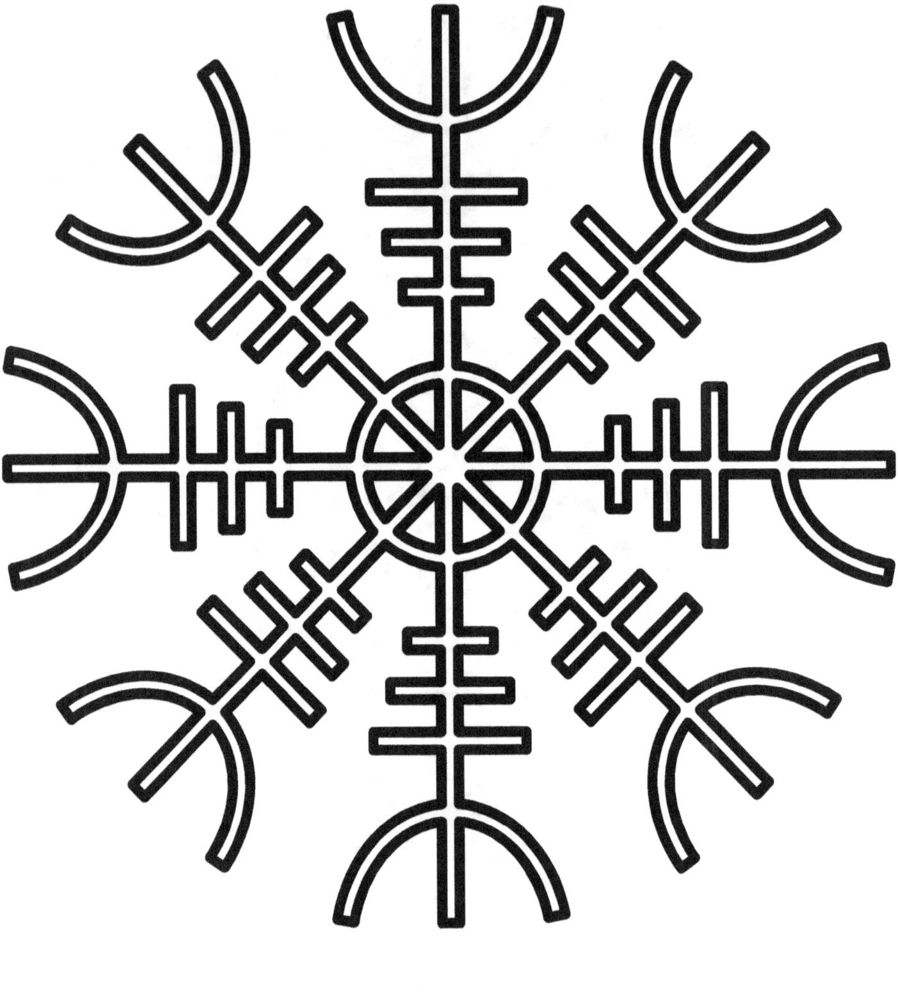

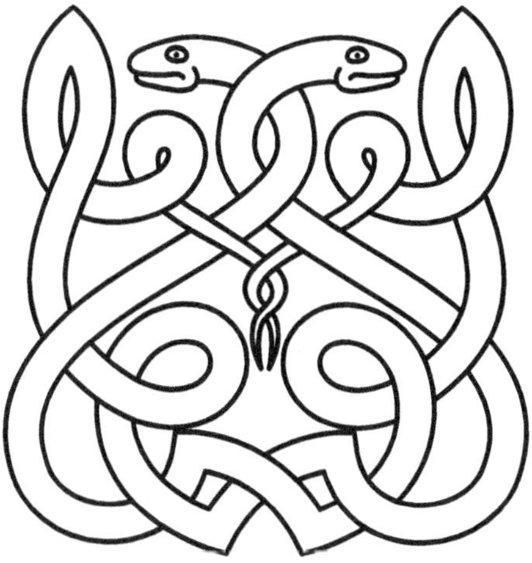

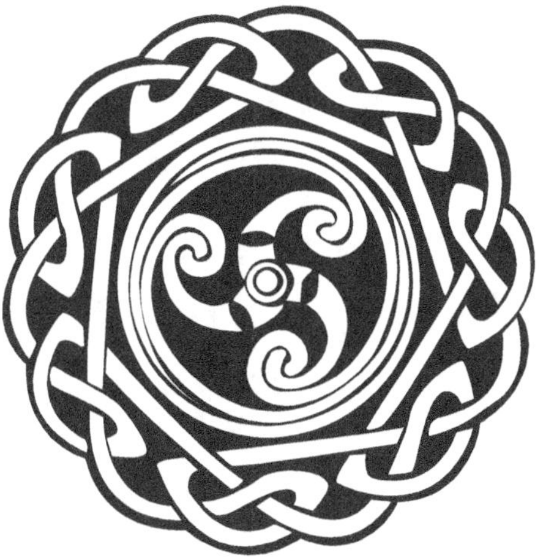

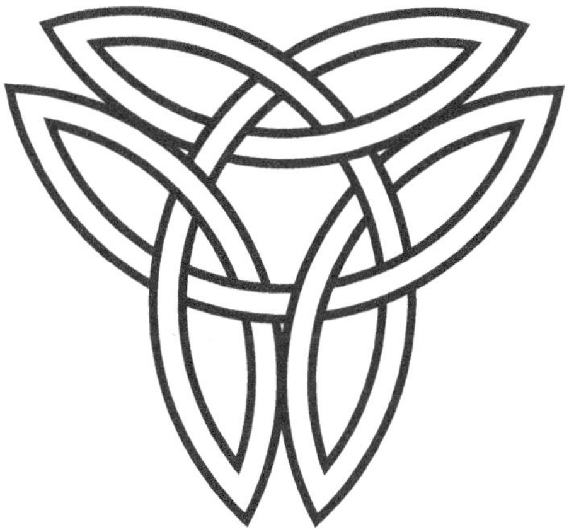

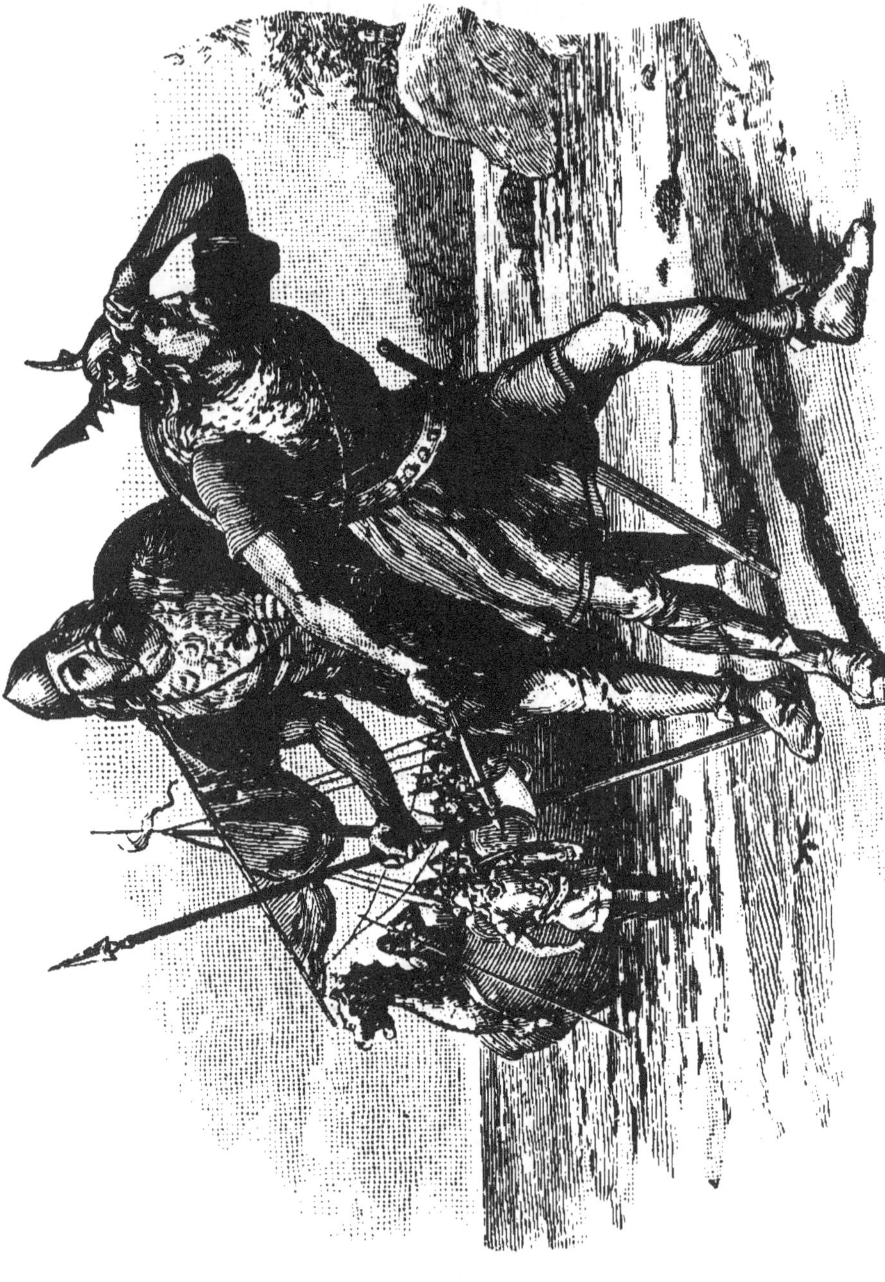

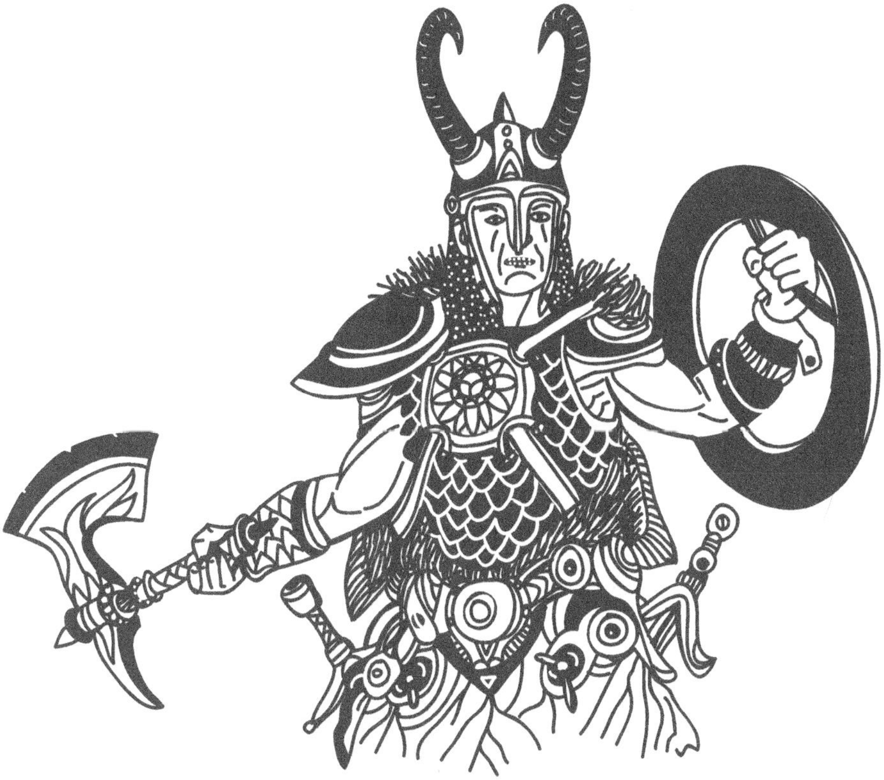

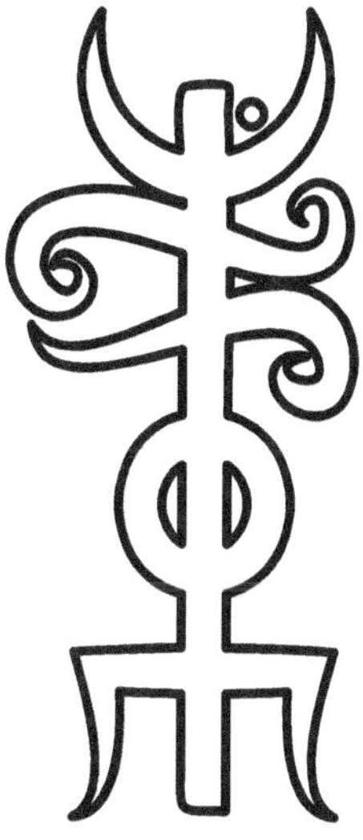

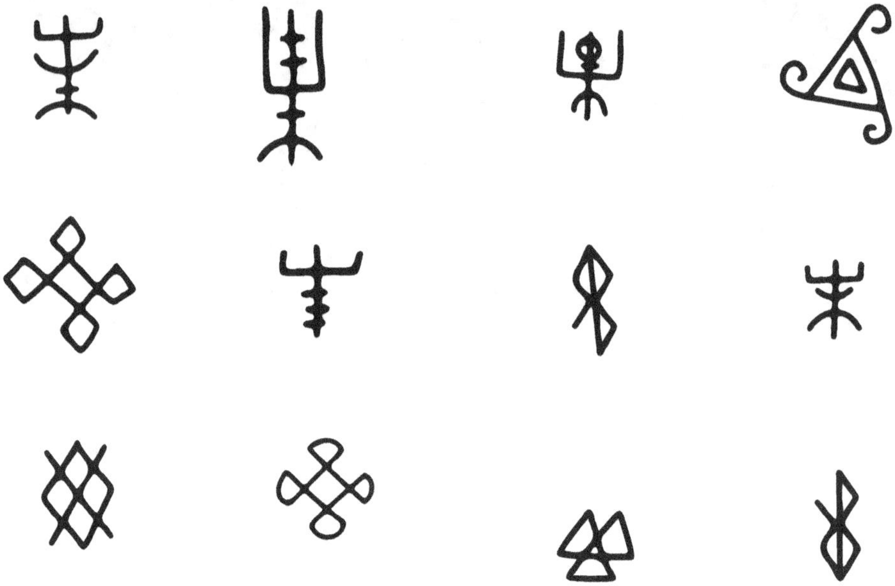

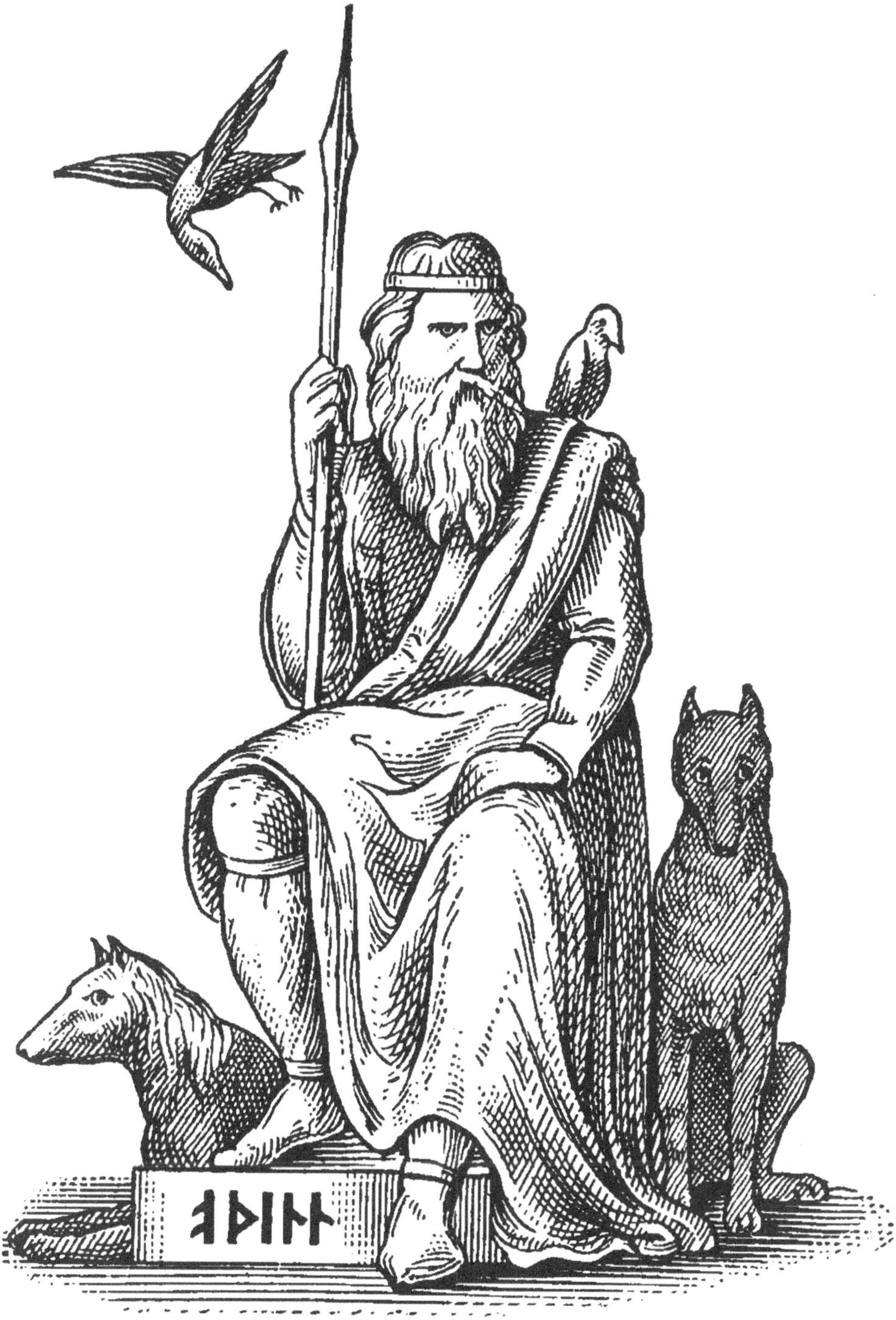

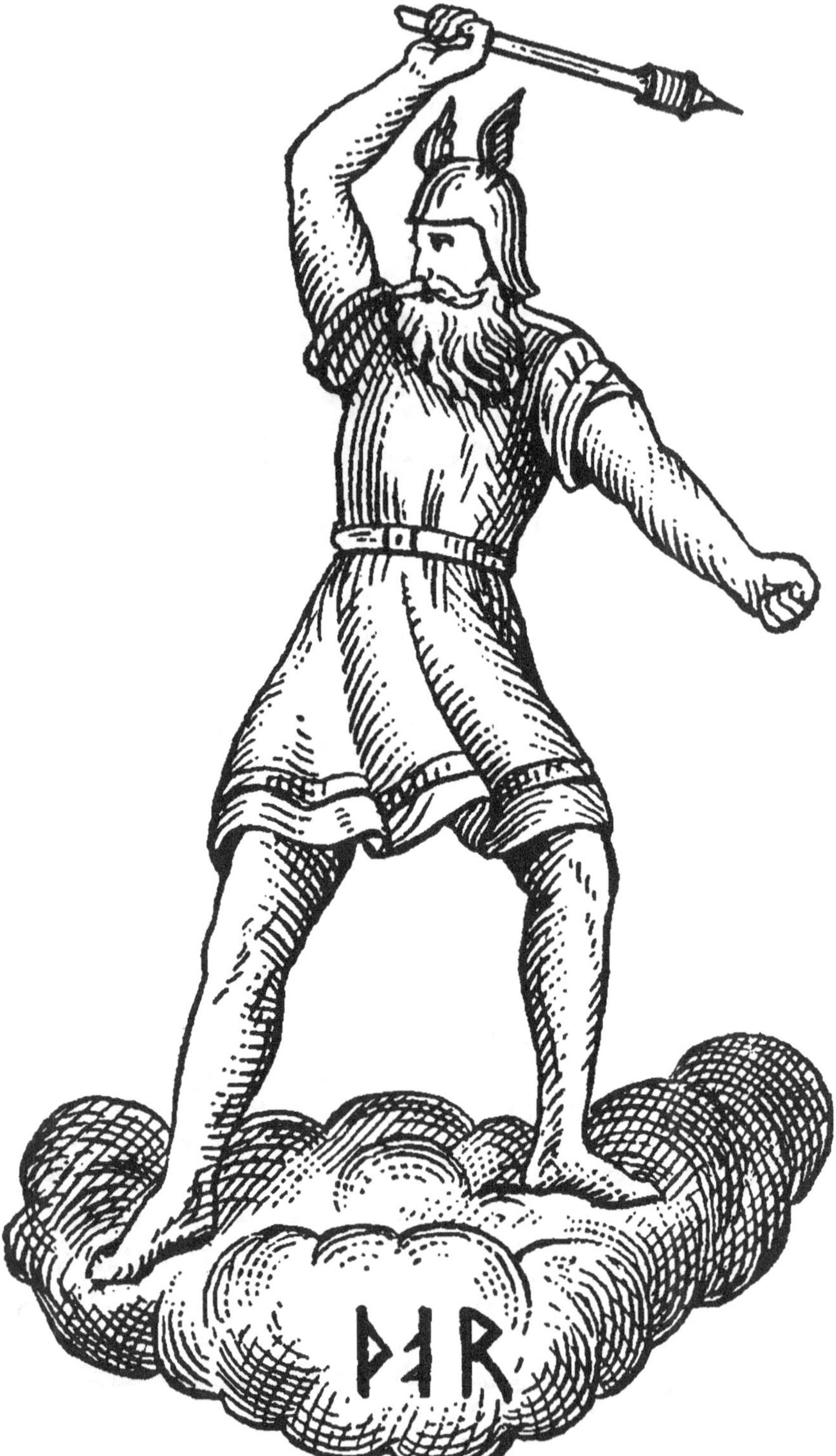

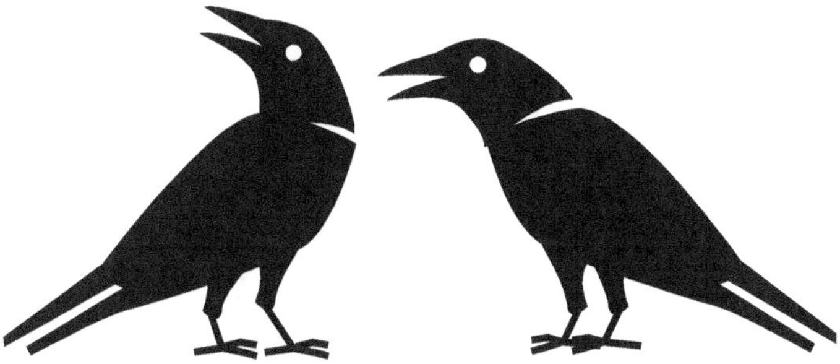

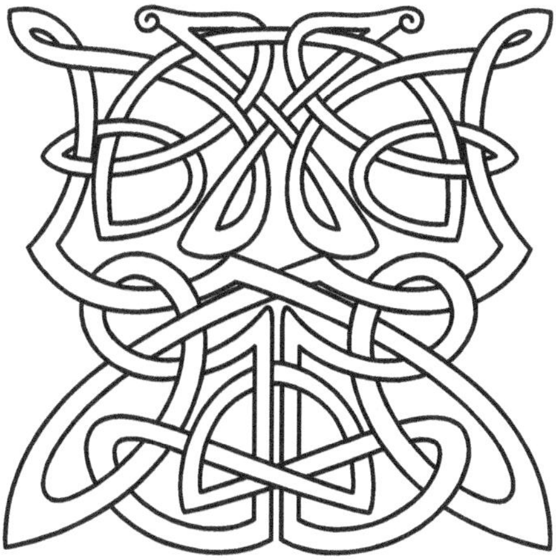

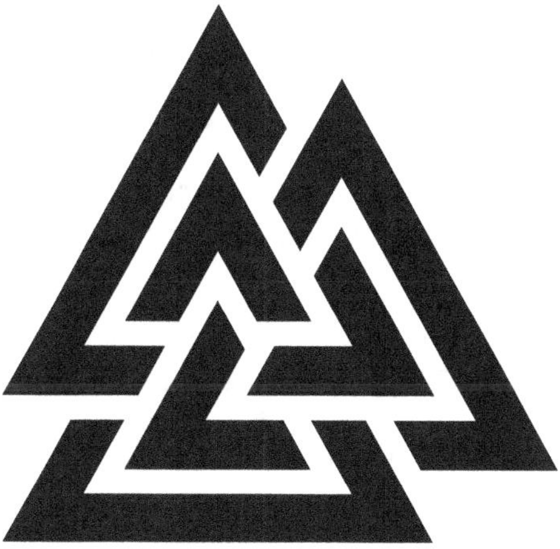

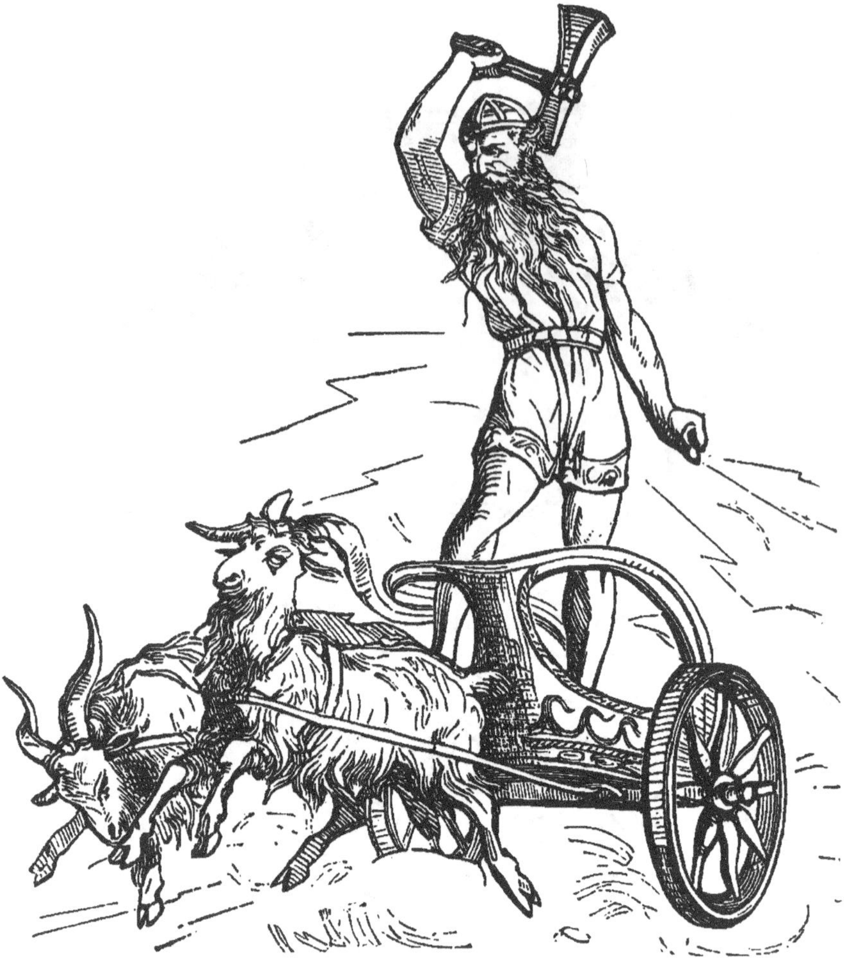

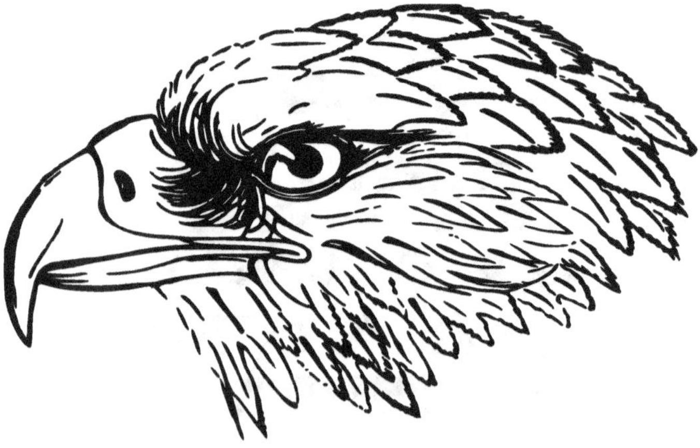

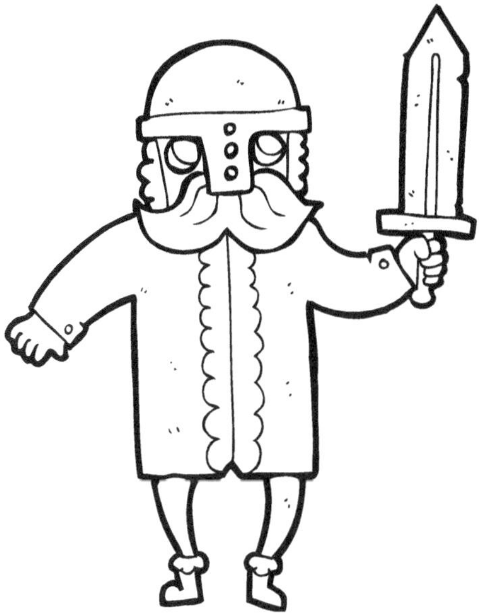

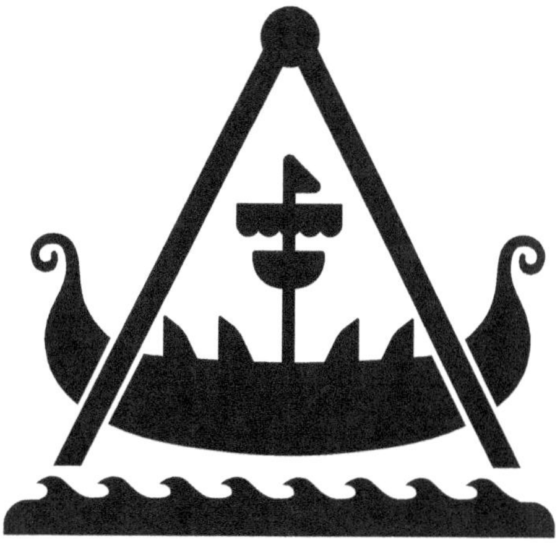

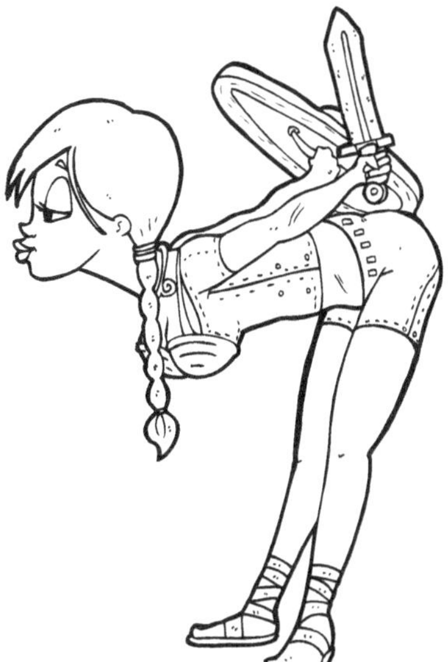

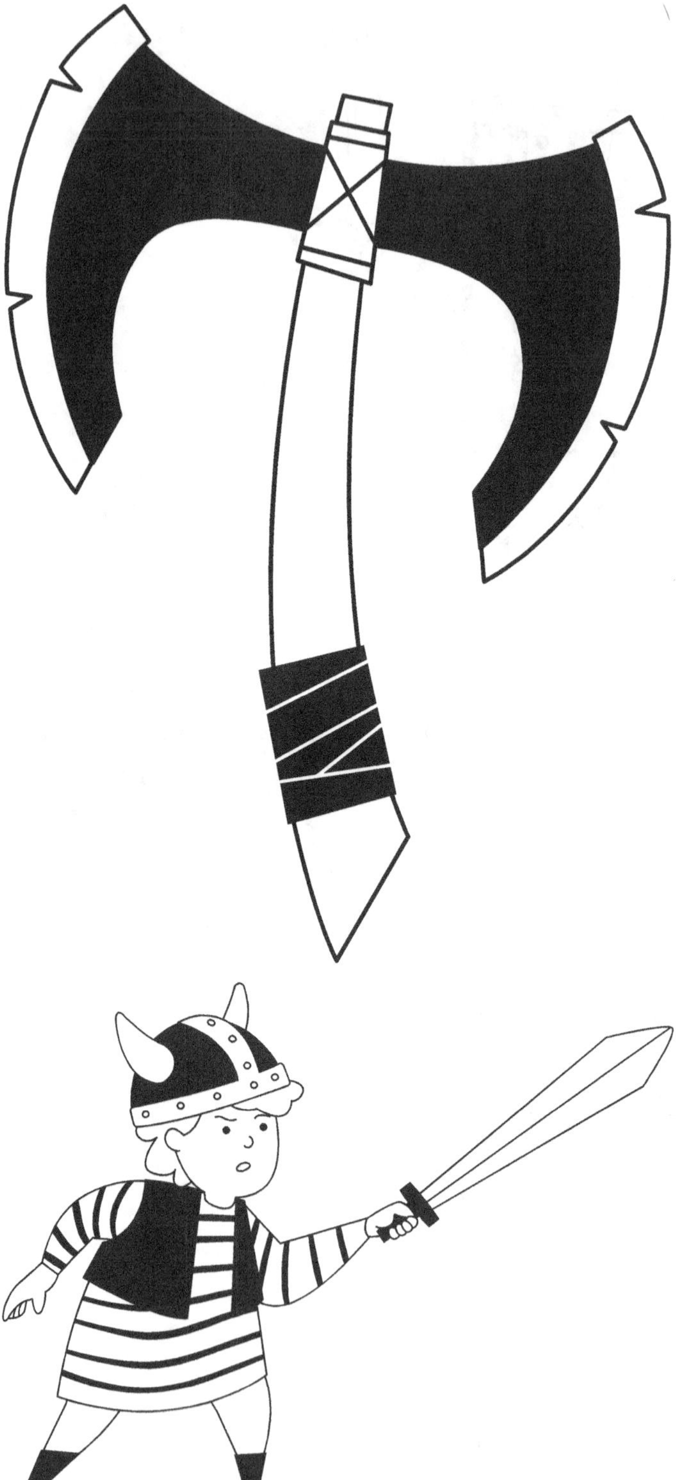

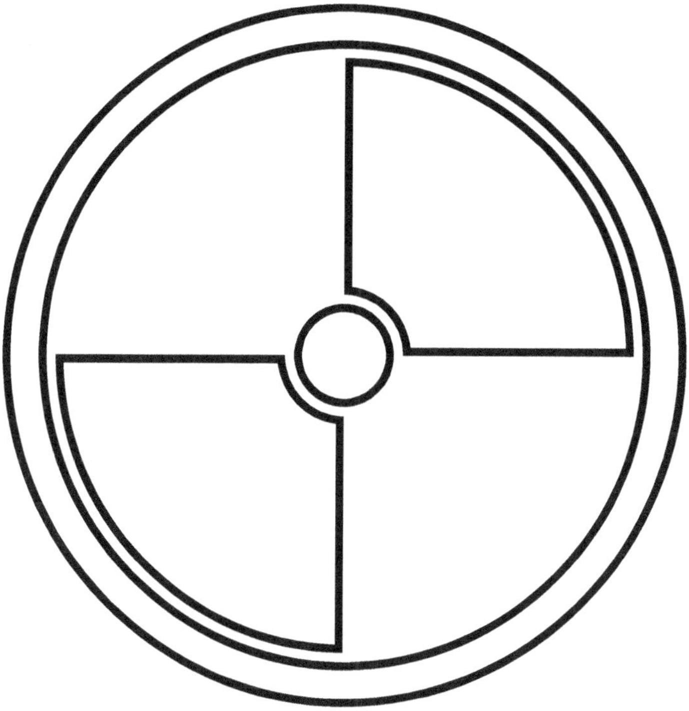

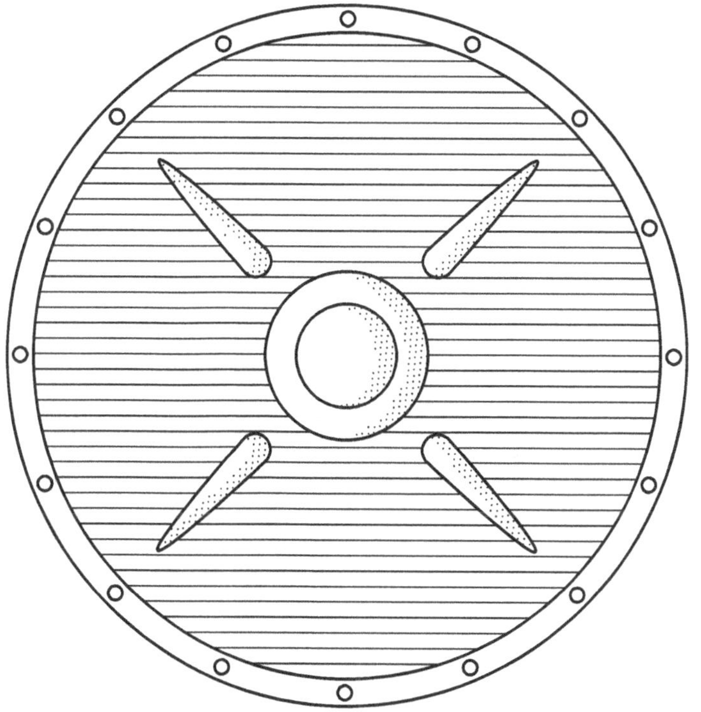

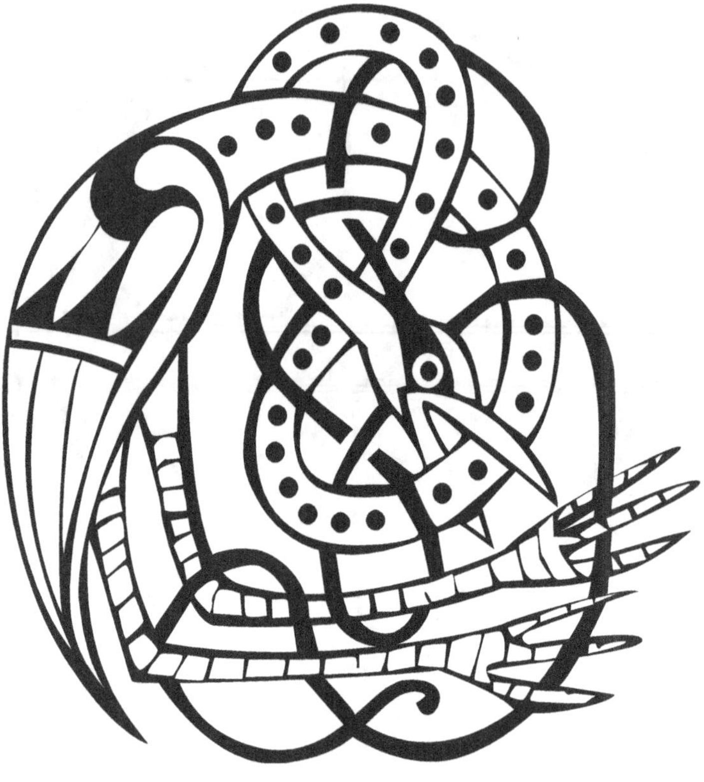

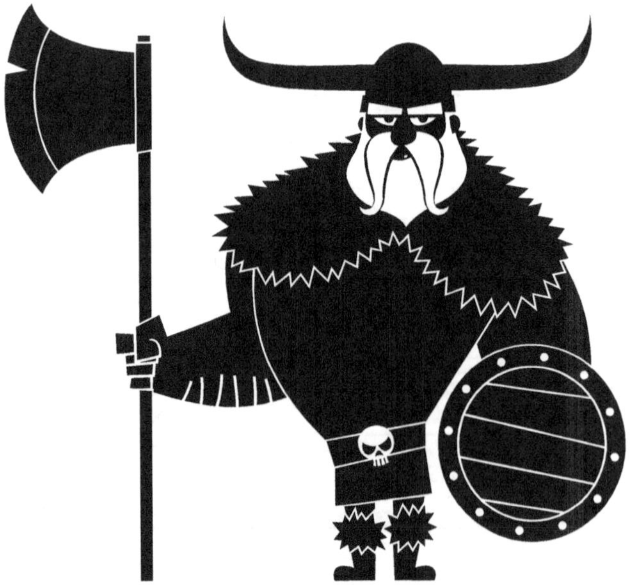

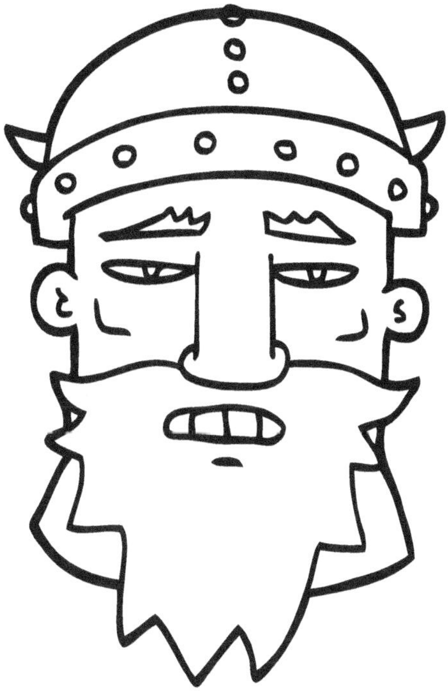

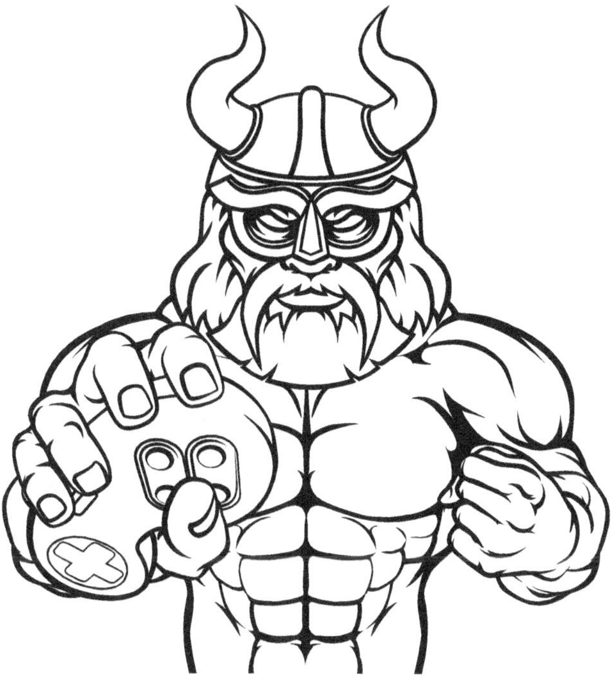

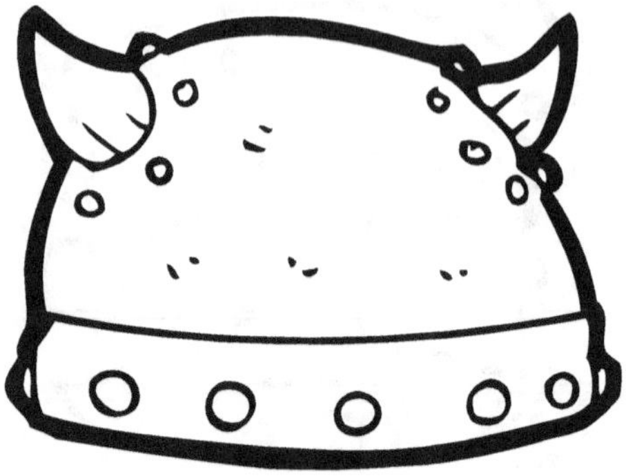

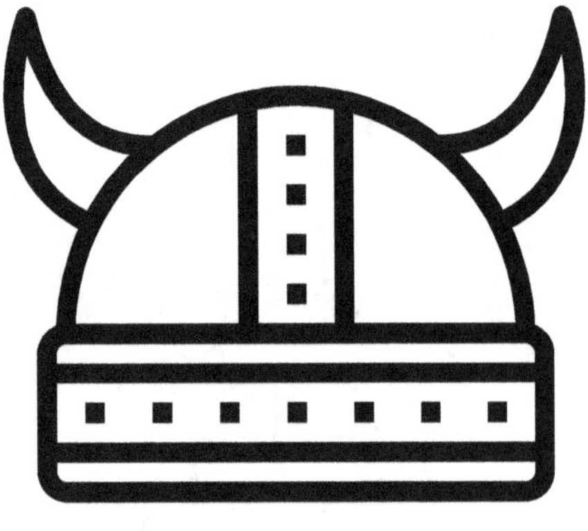

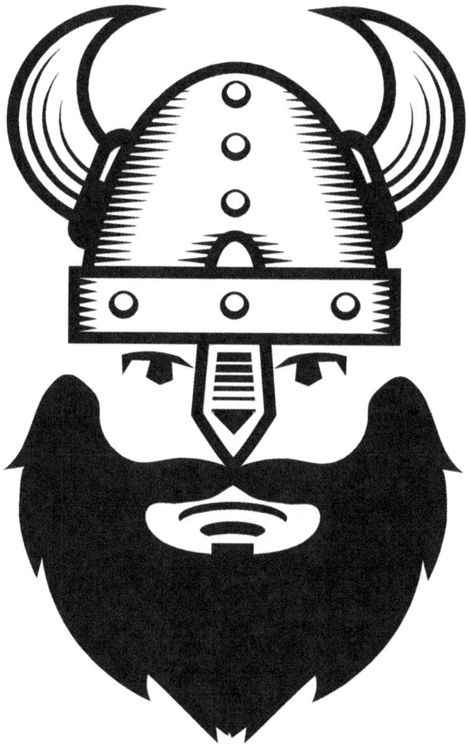

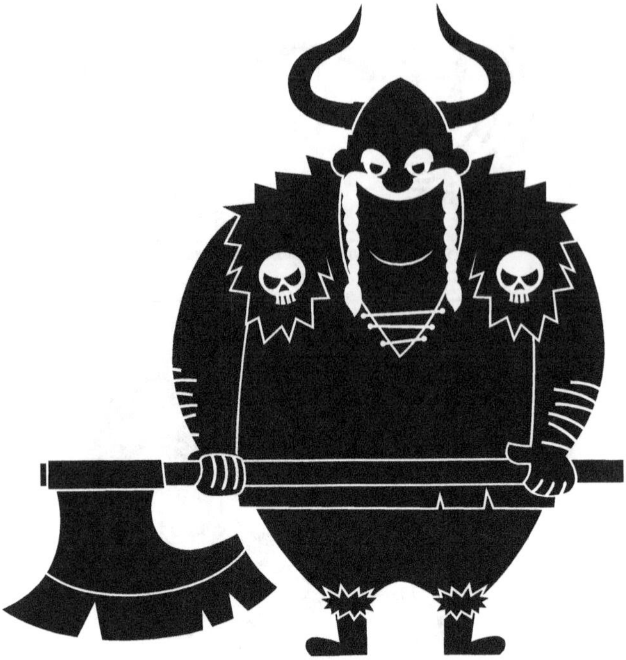

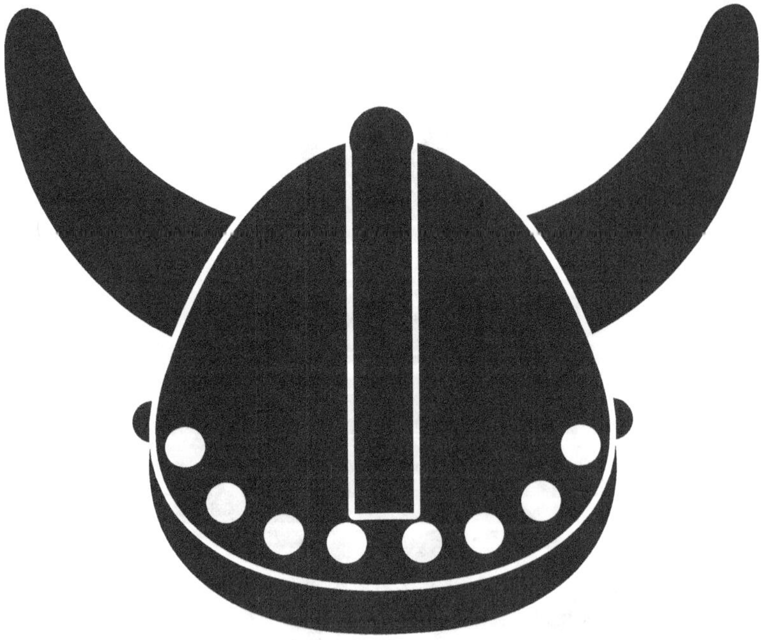

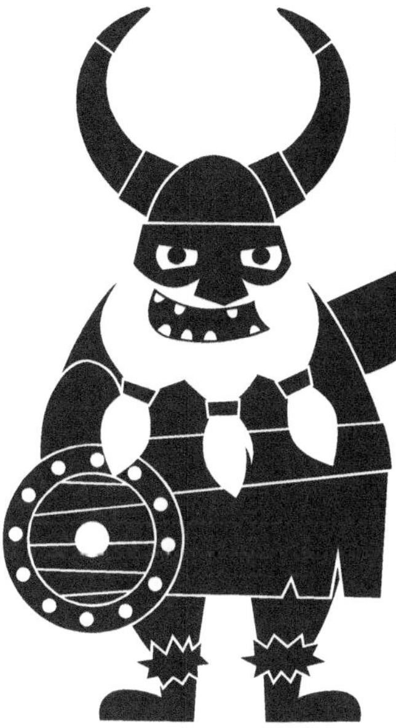

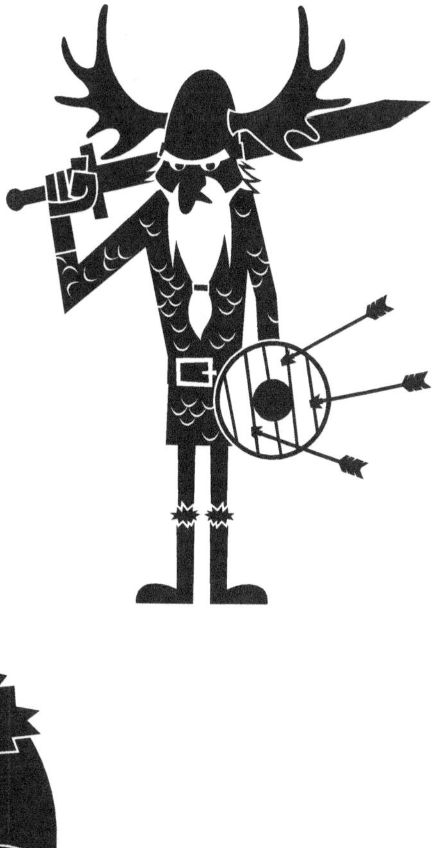

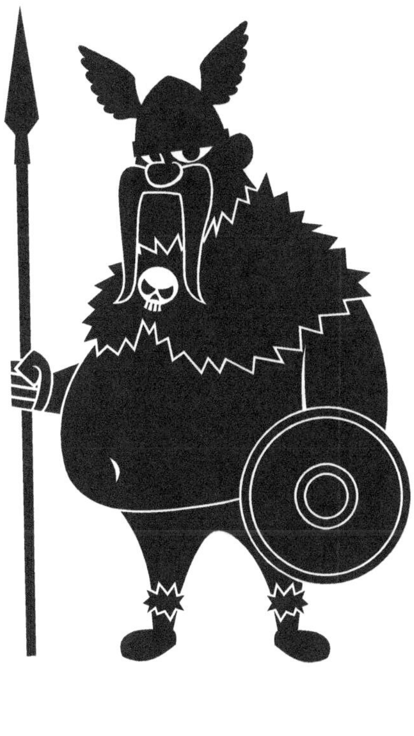

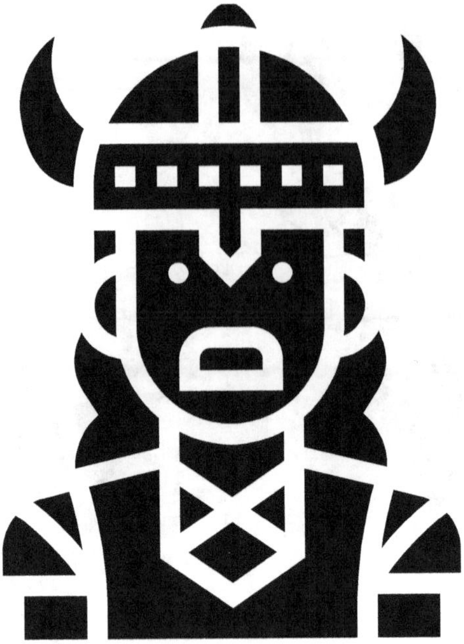

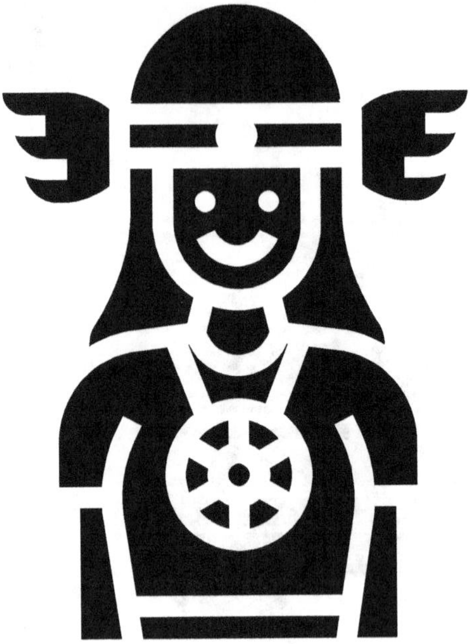

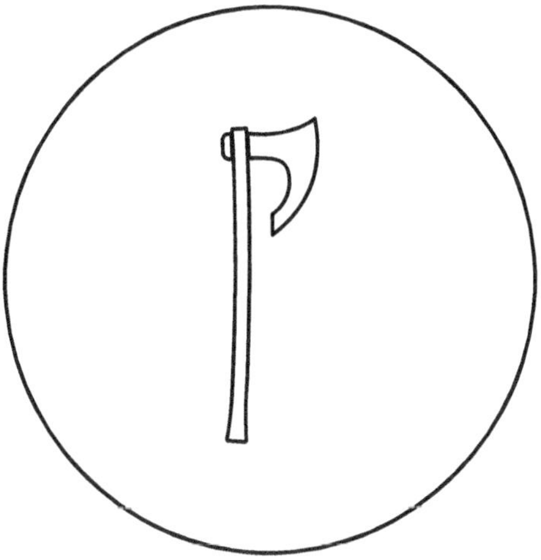

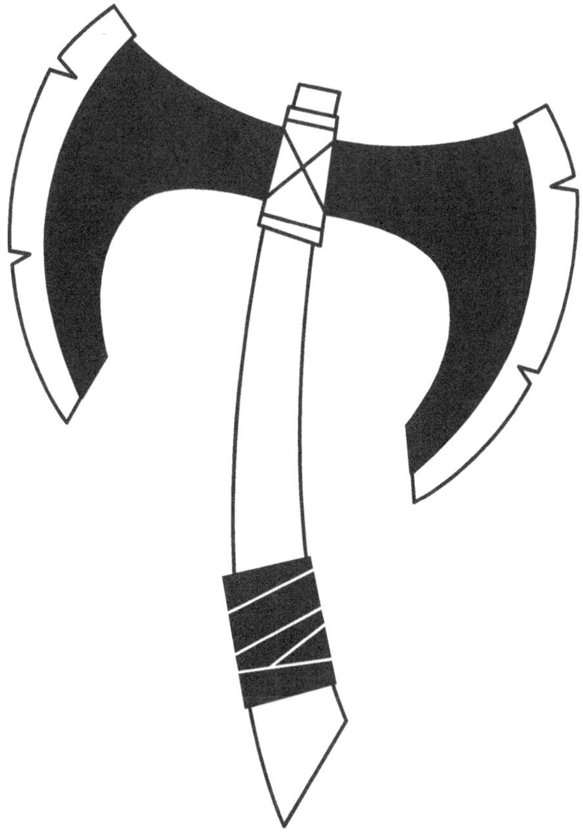

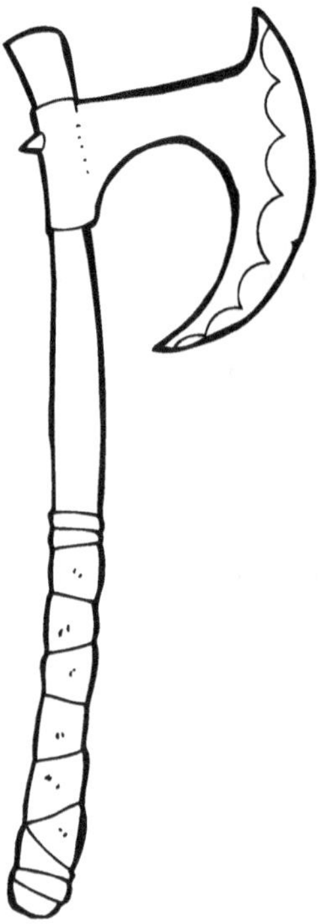

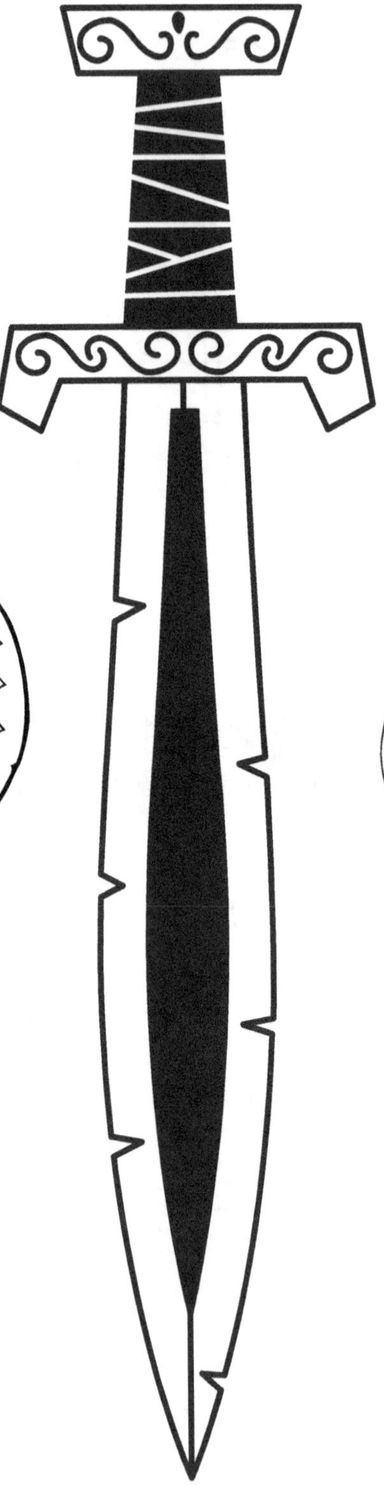

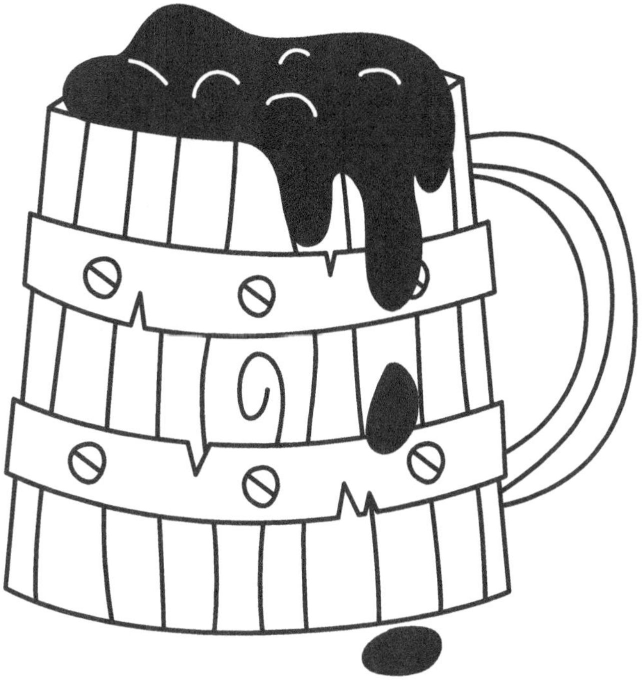

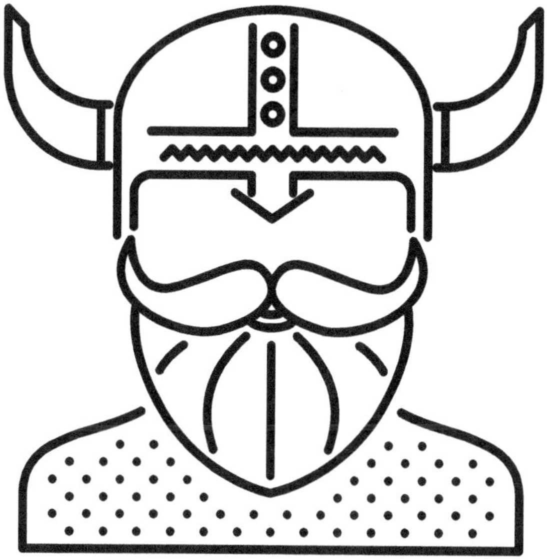

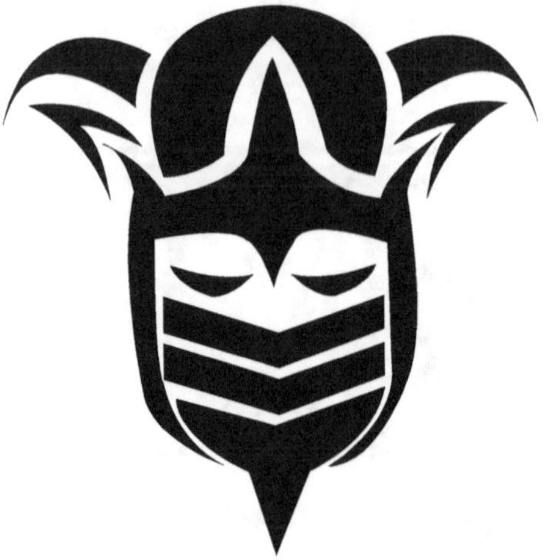

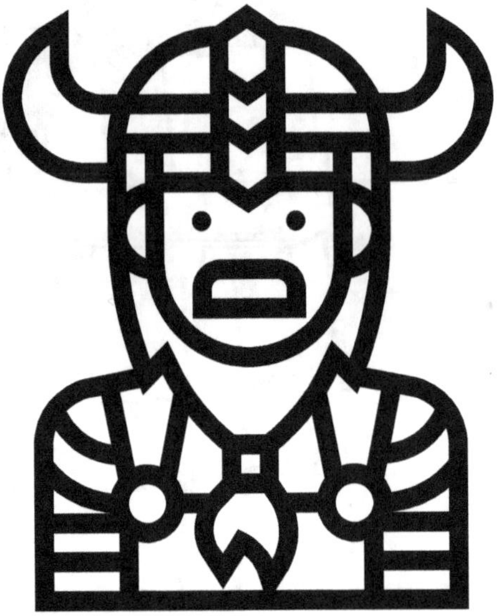

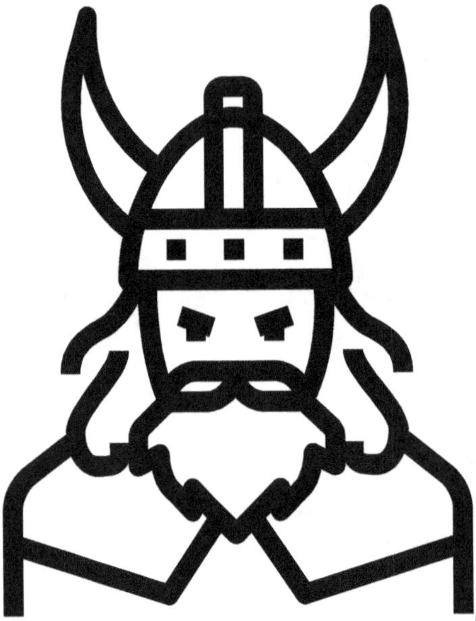

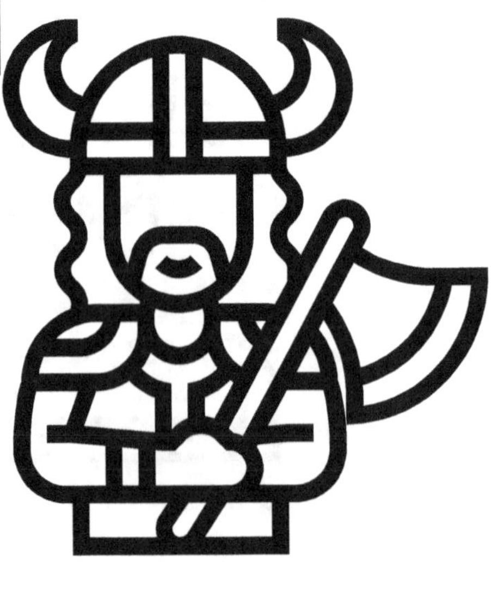

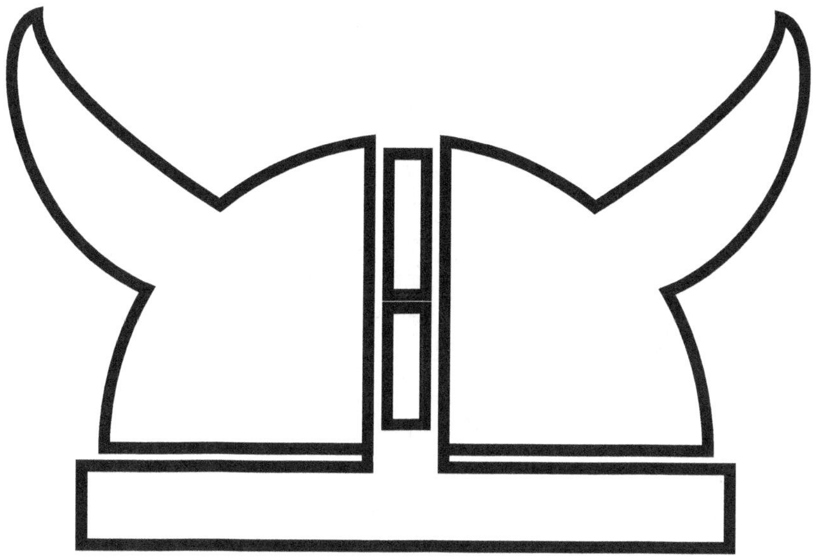

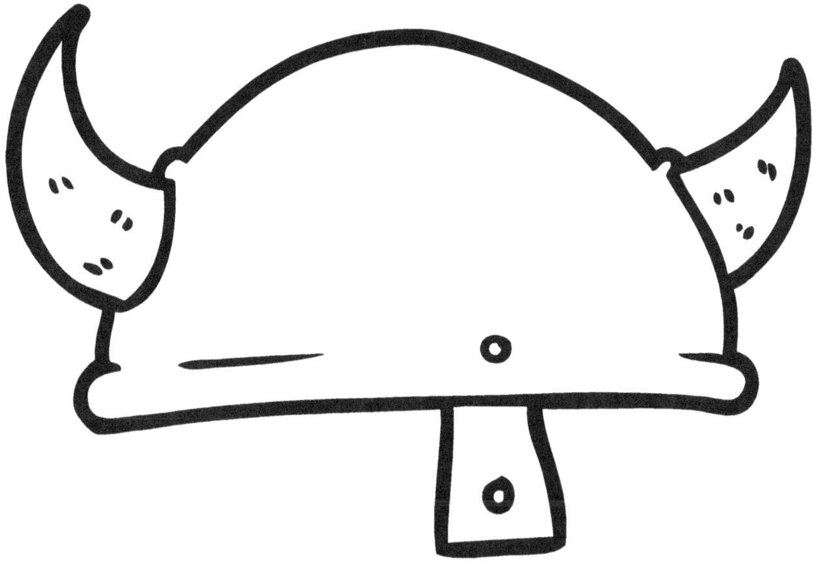

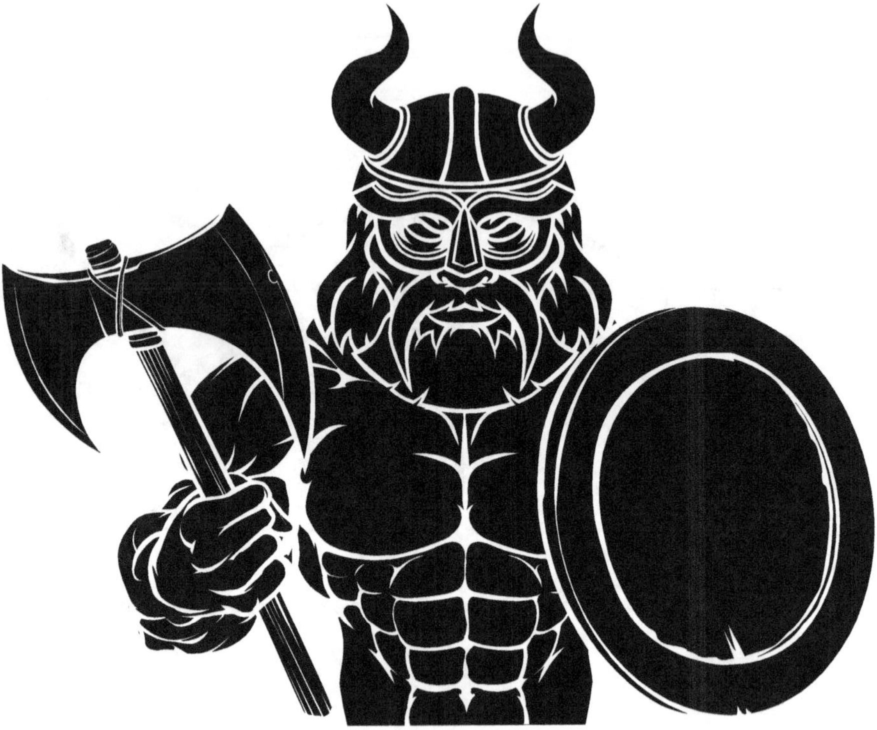

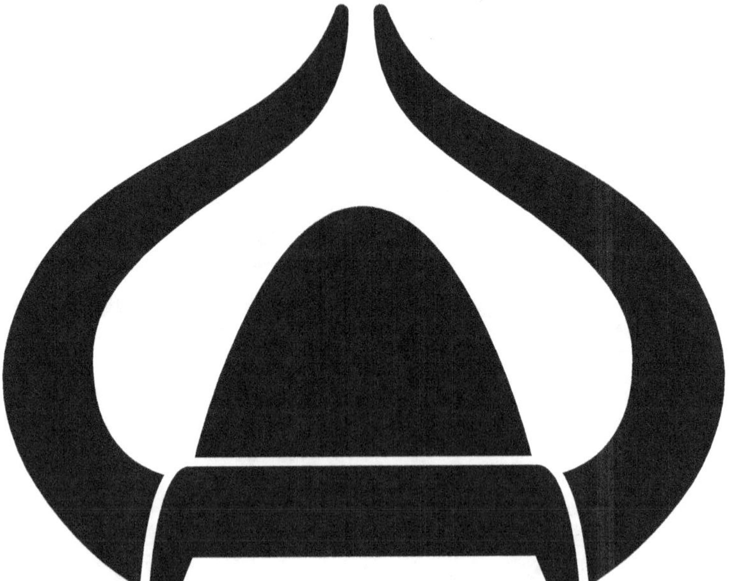

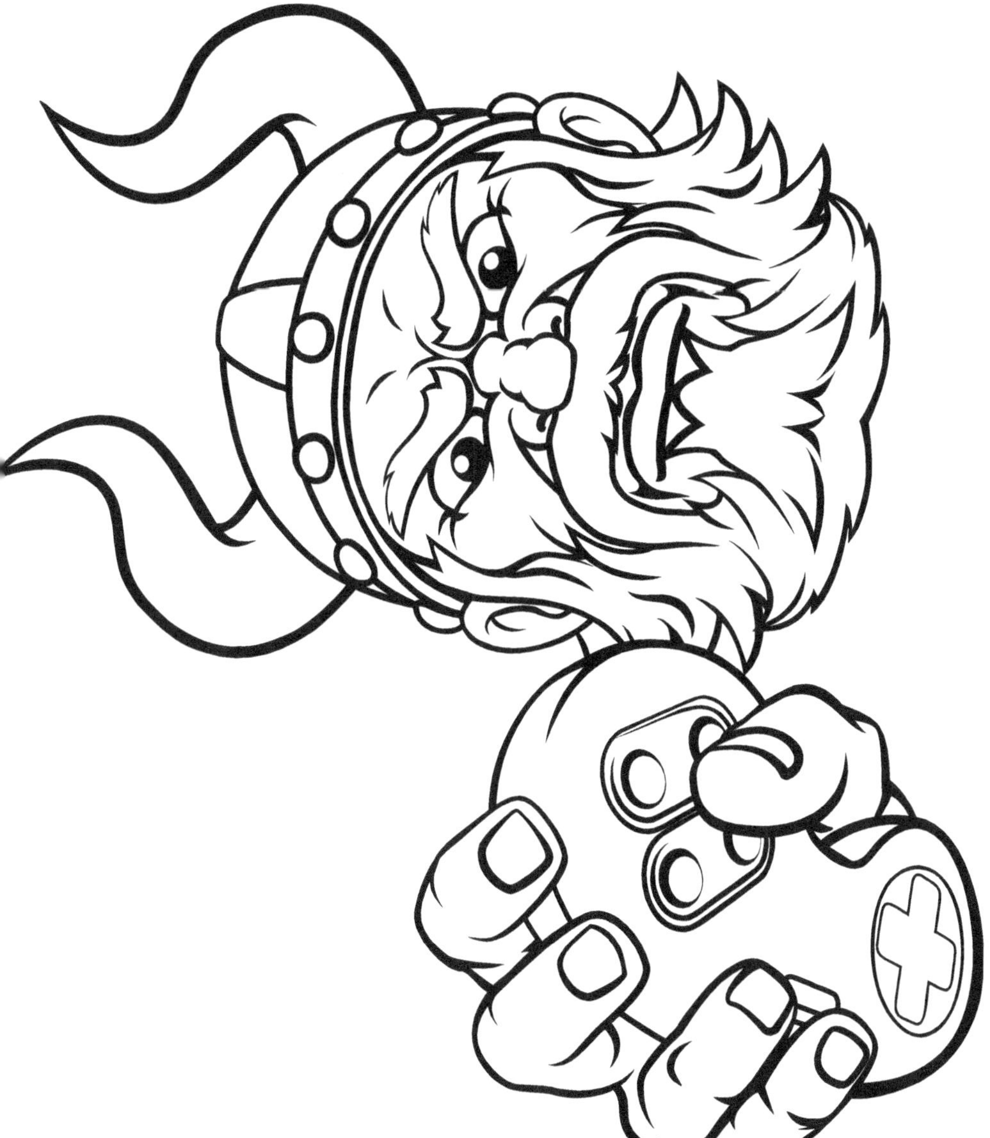

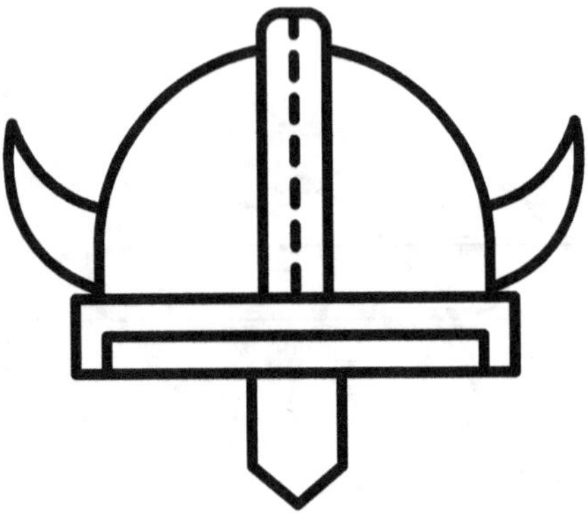

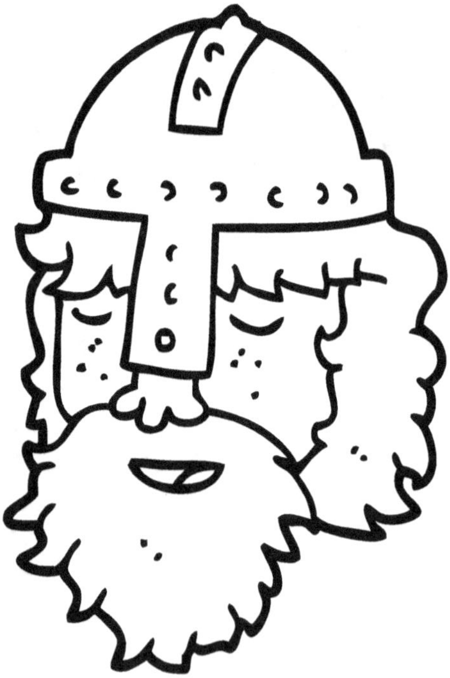

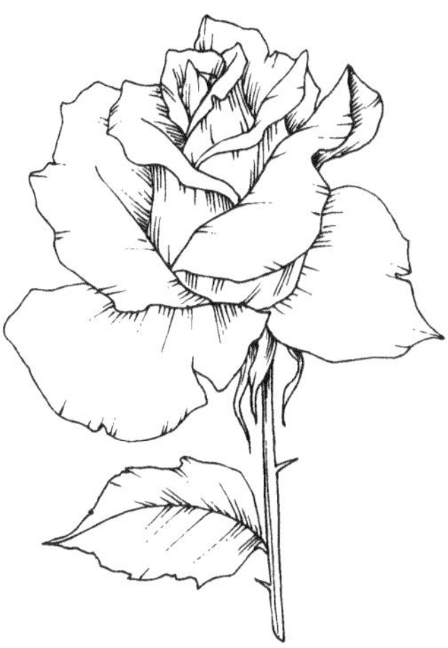

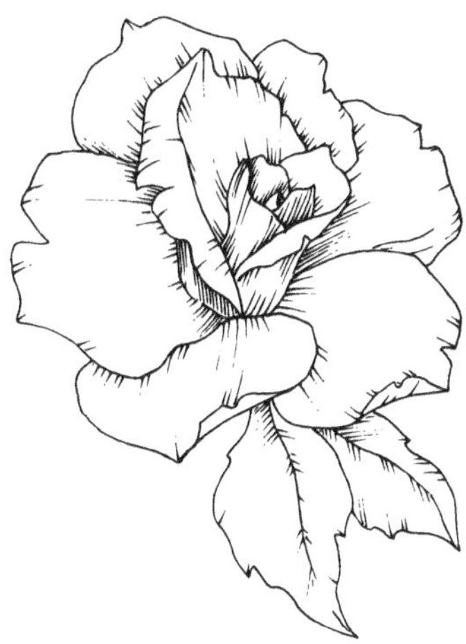

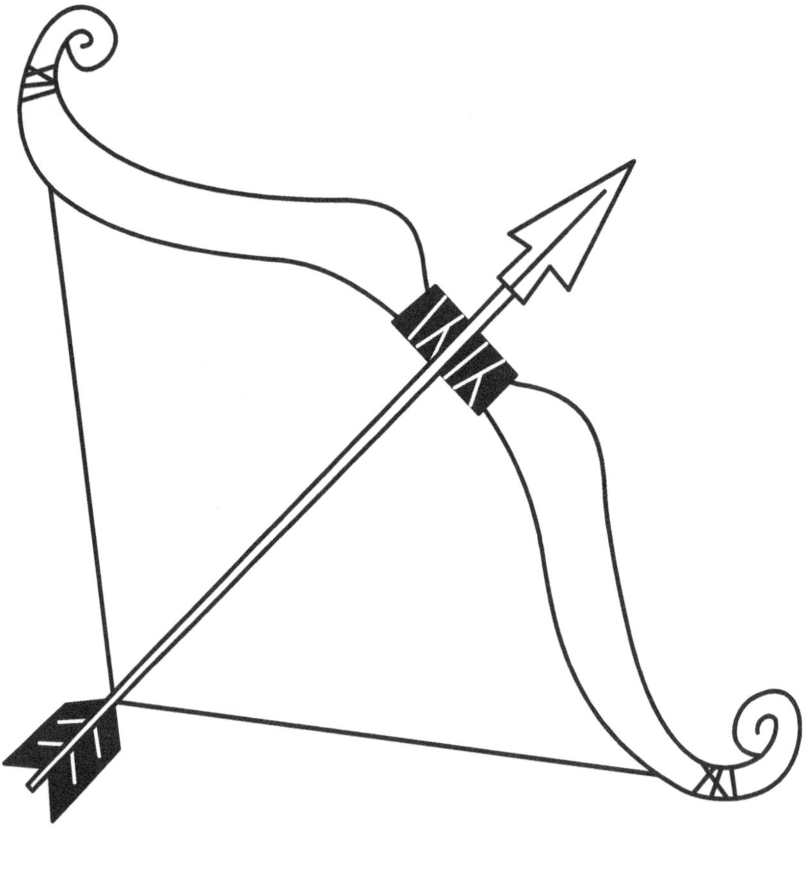

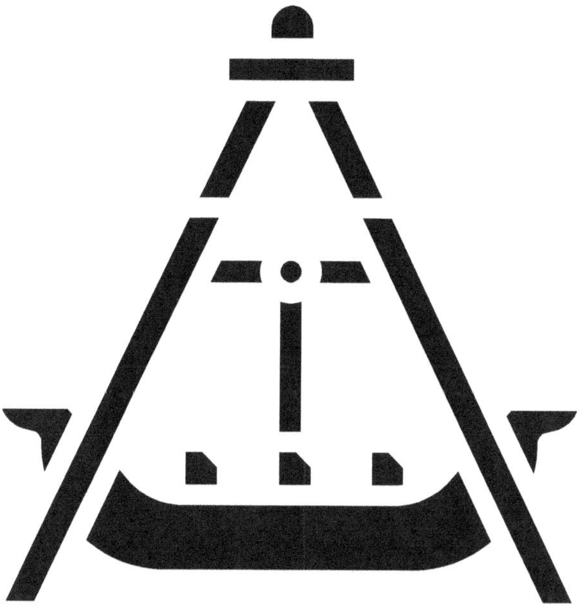

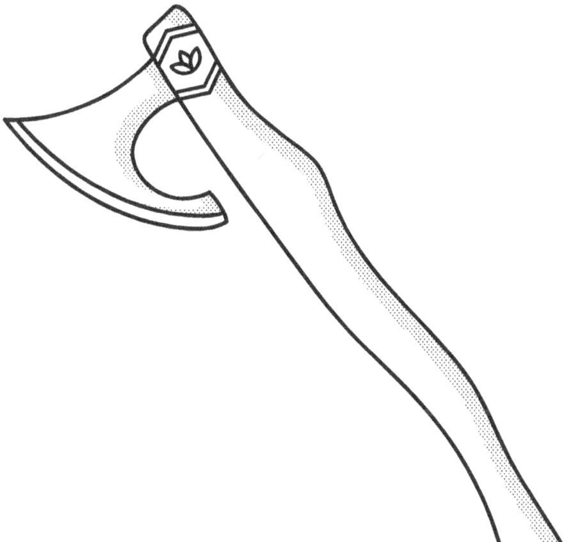

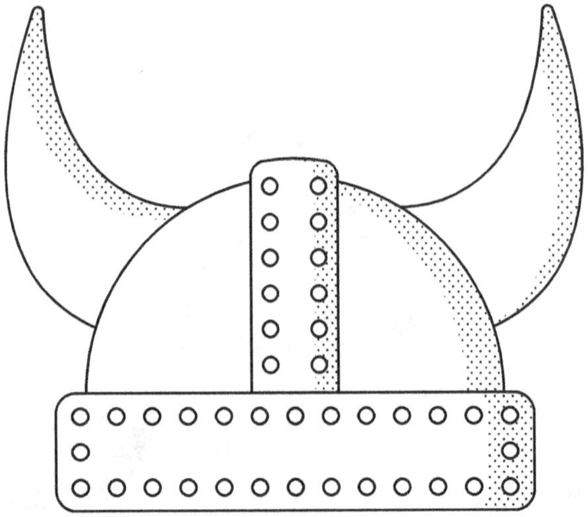

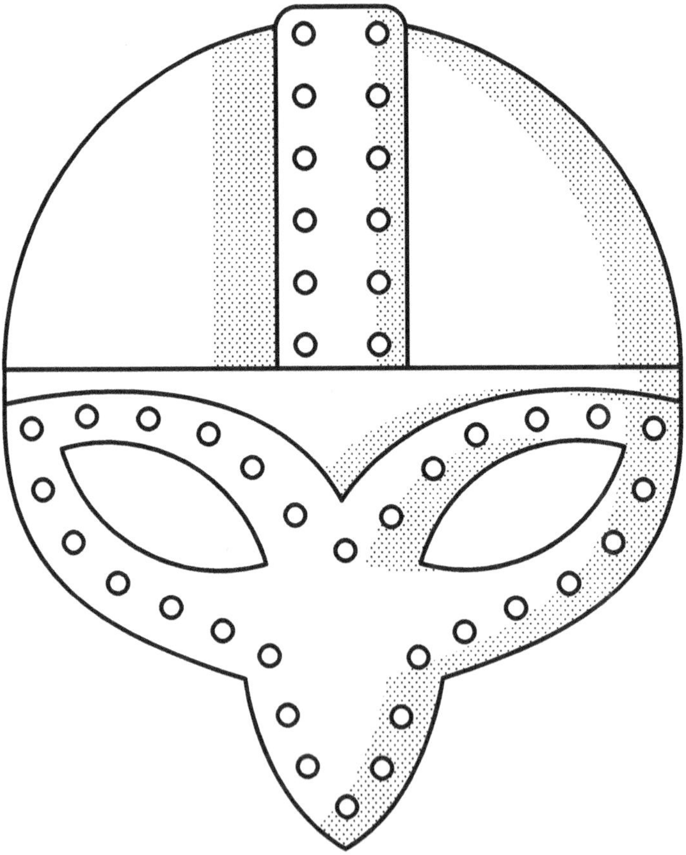

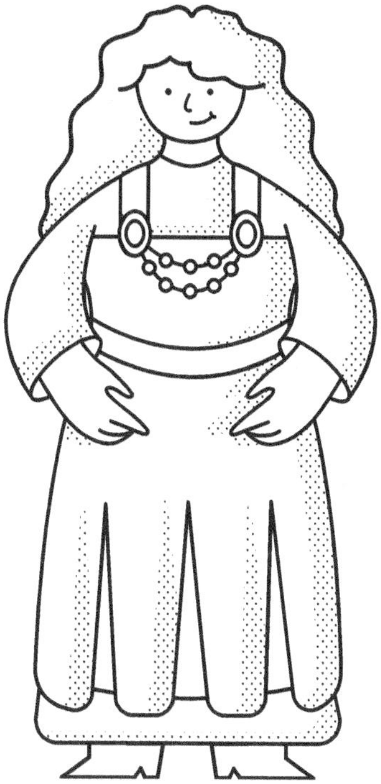

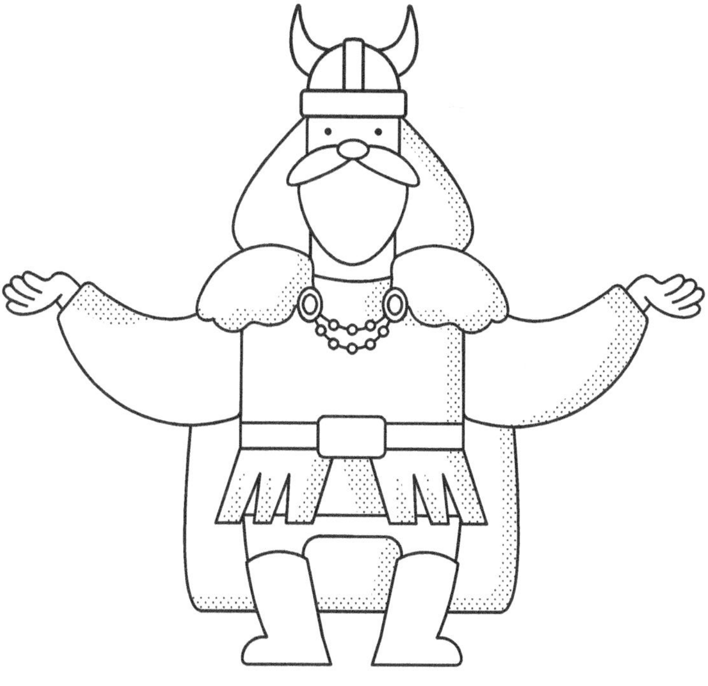

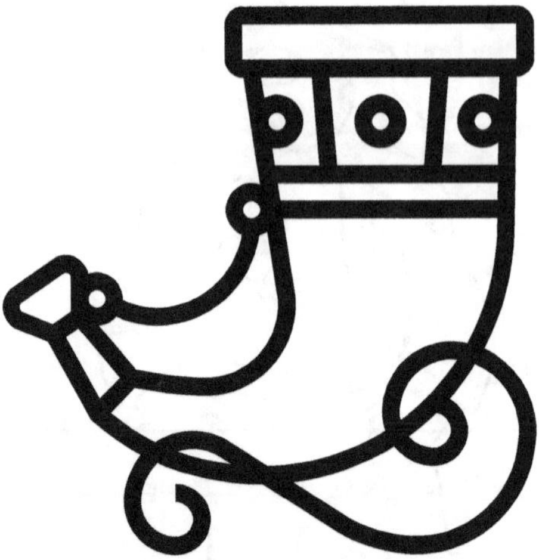

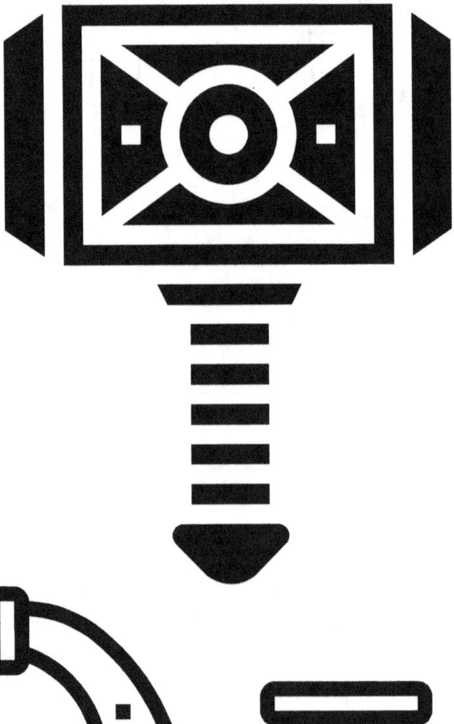

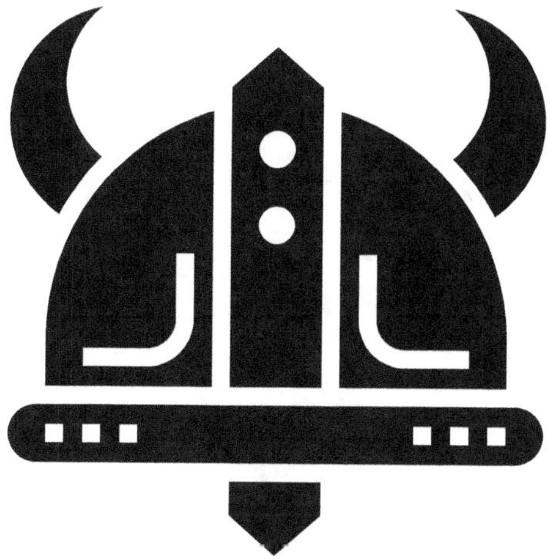

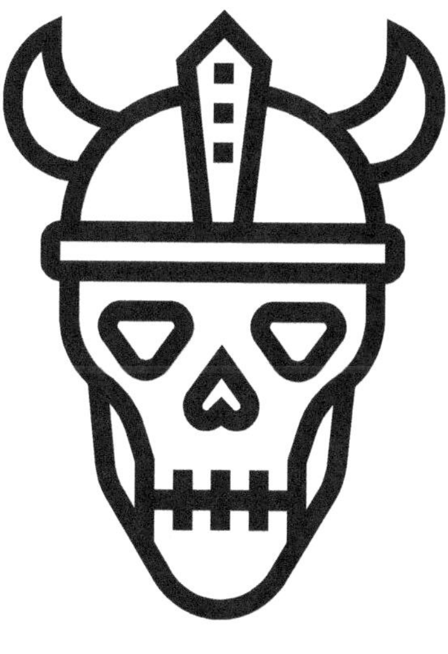

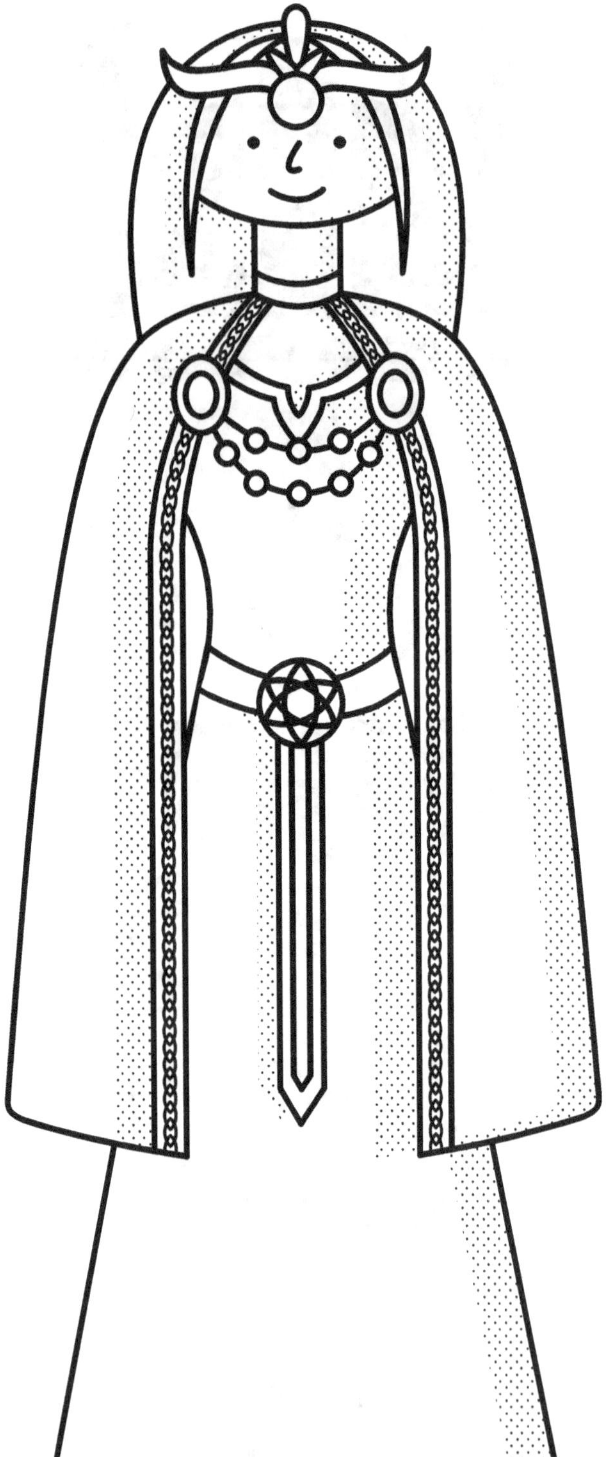

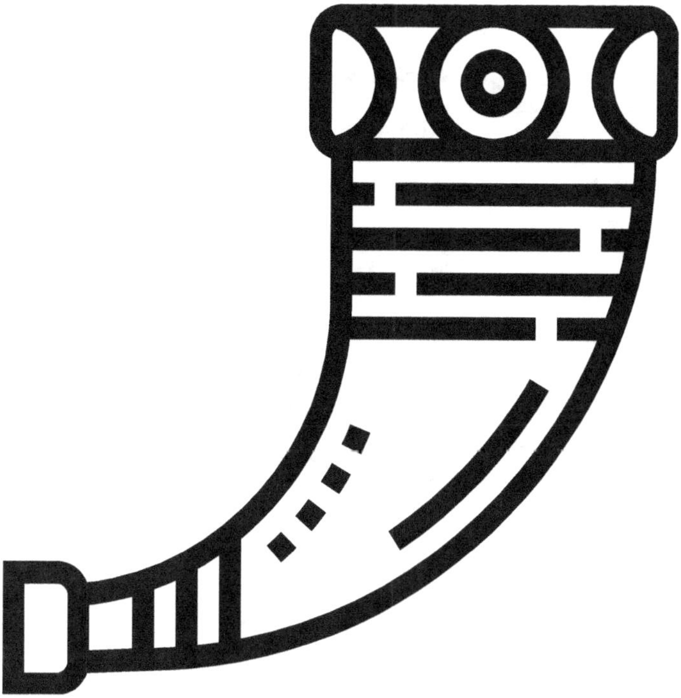

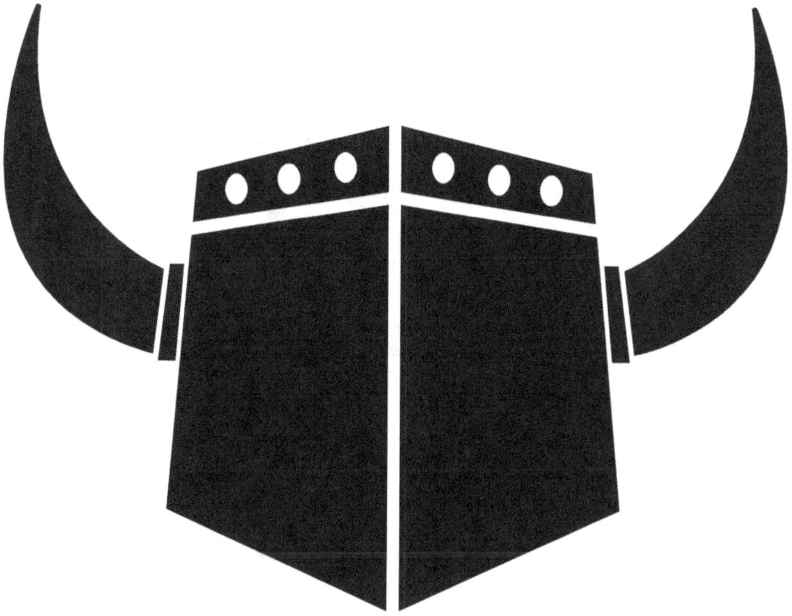

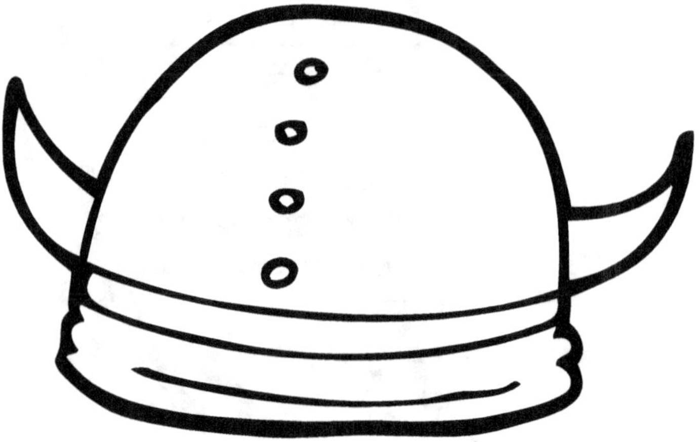

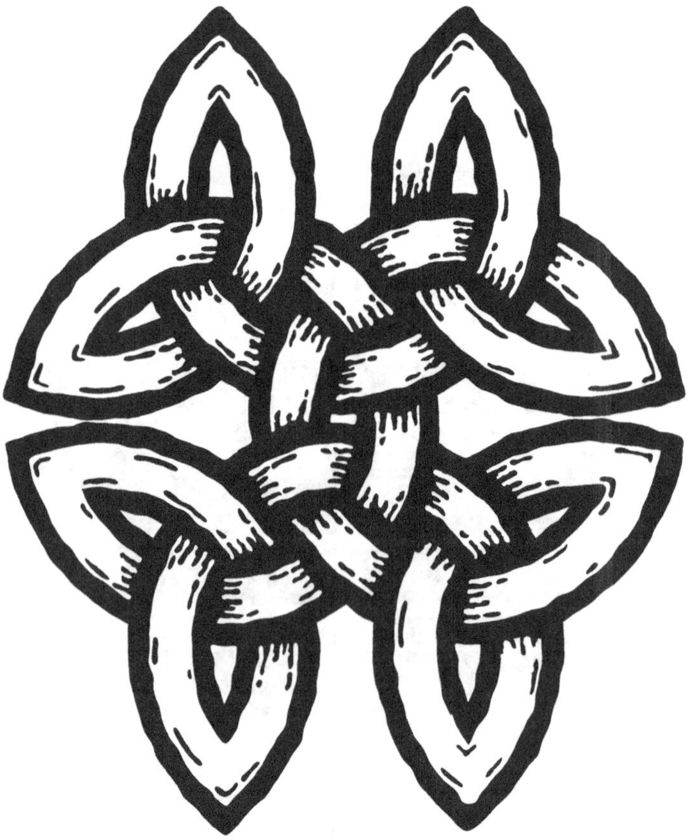

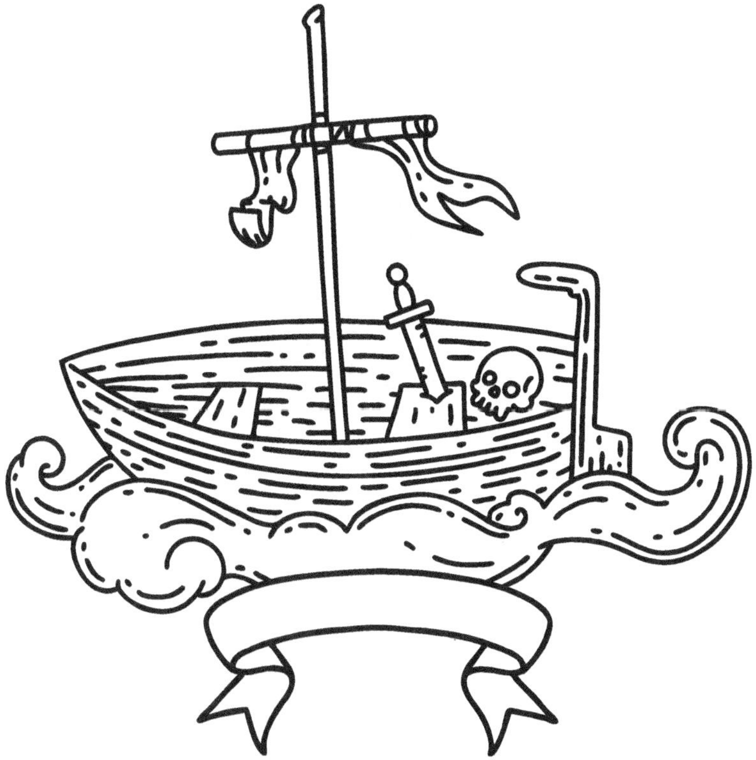

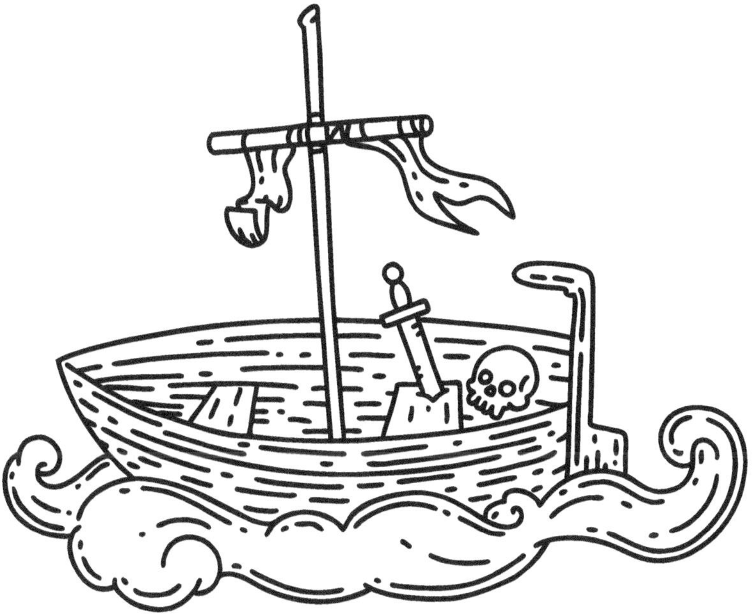

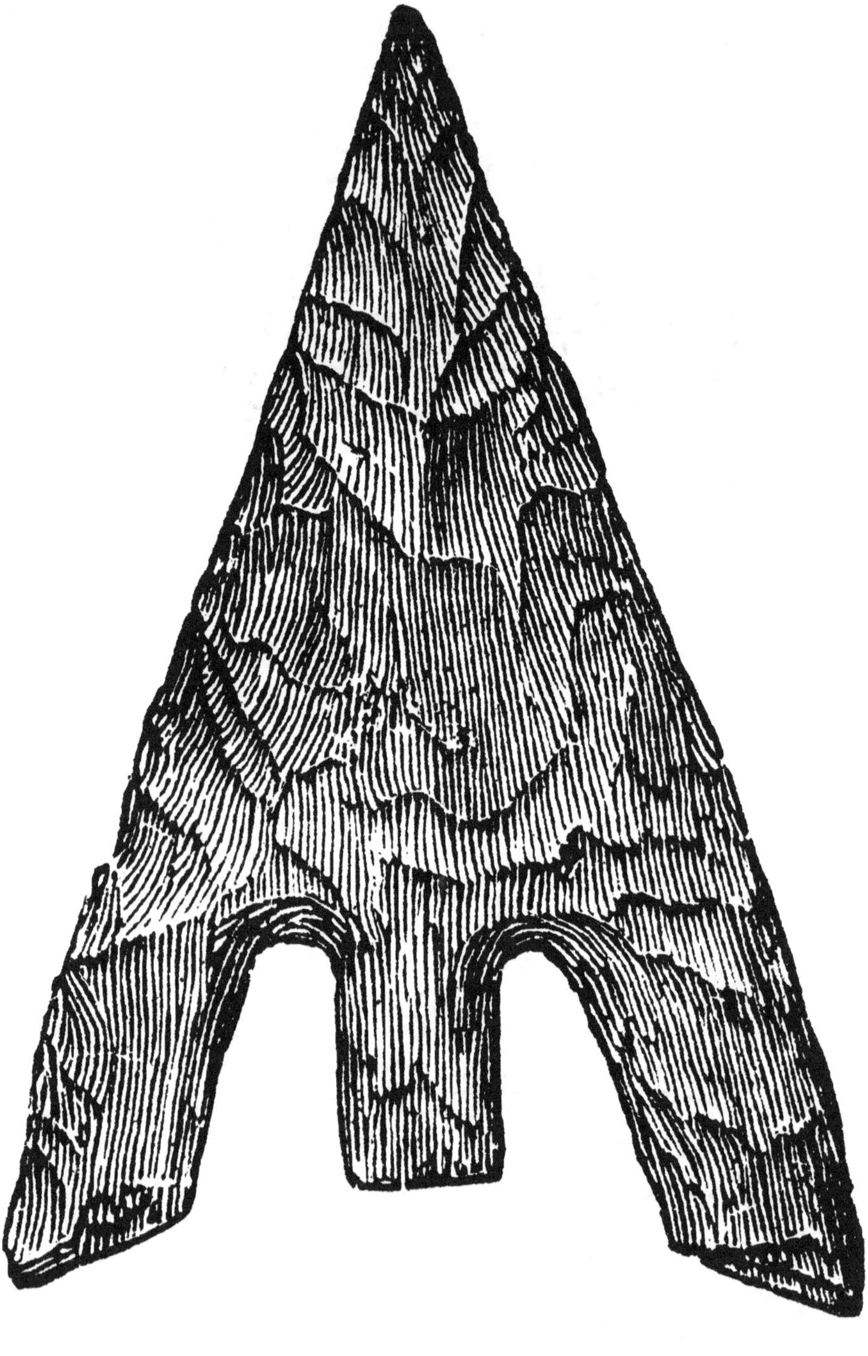

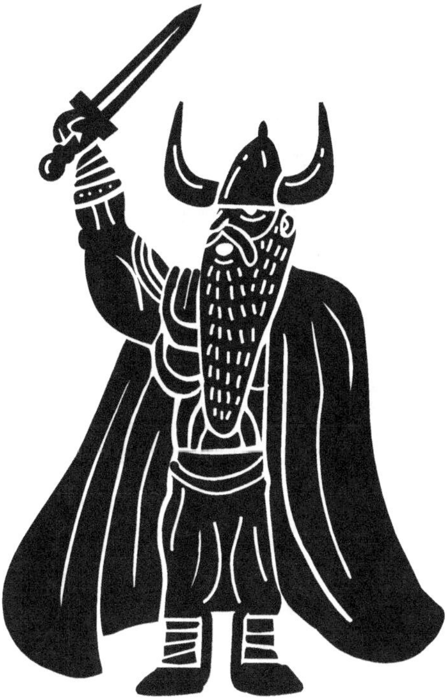

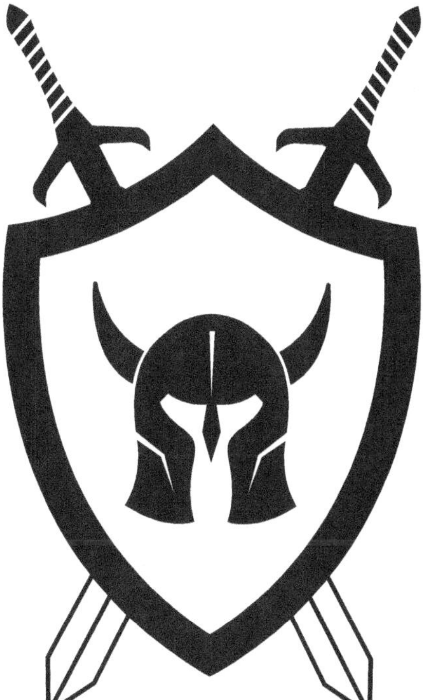

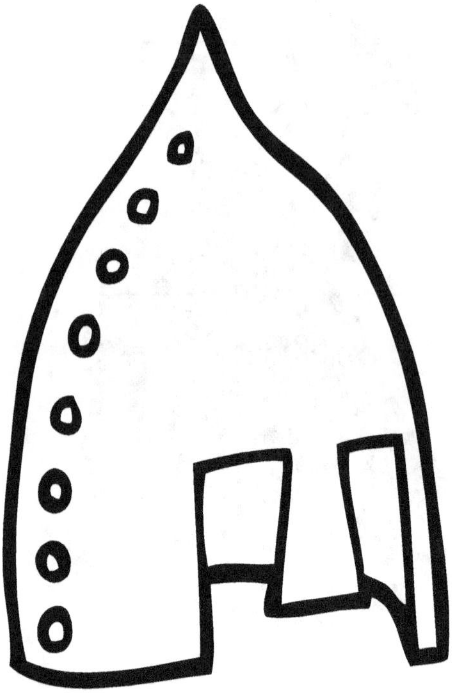

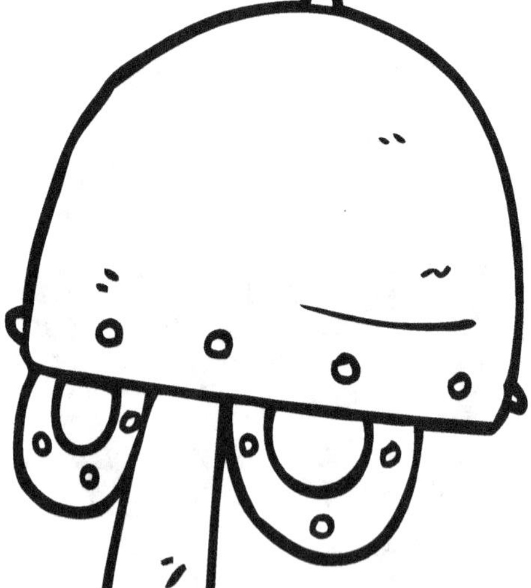

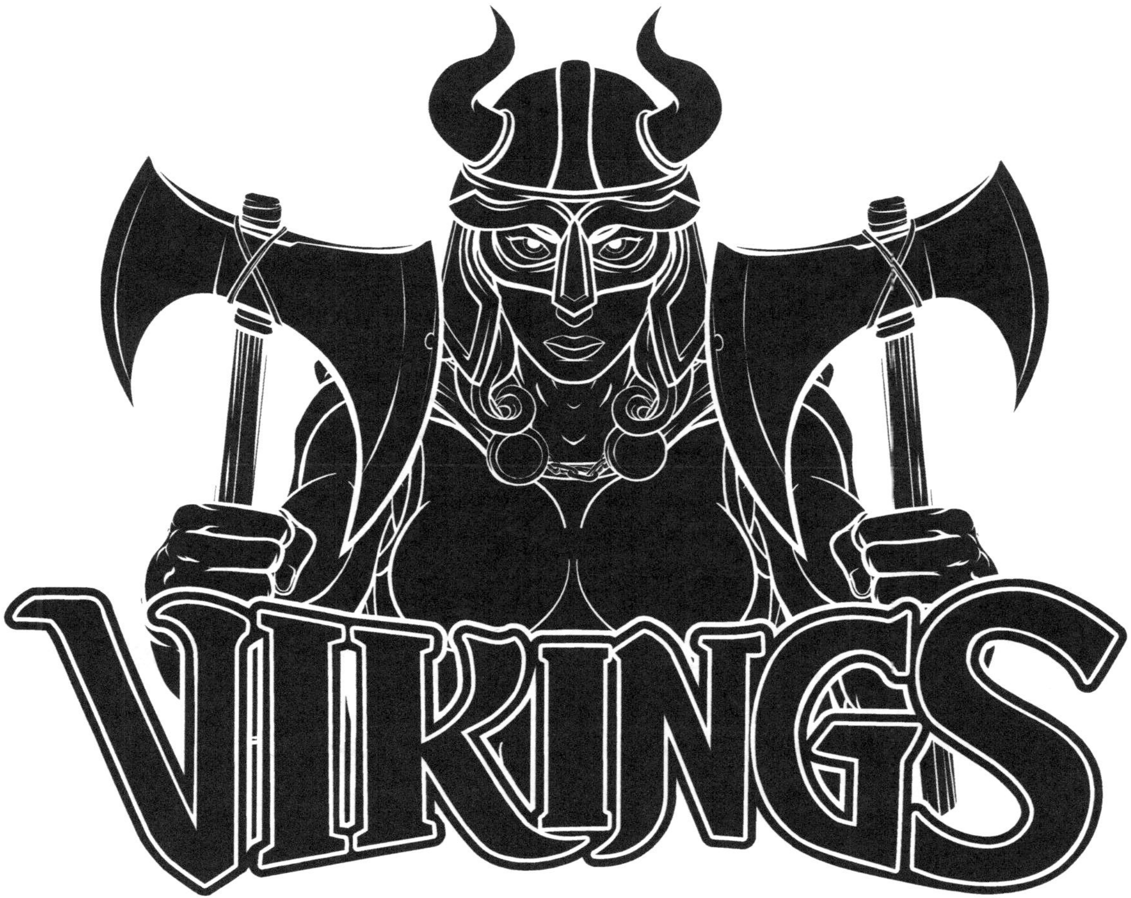
VIKINGS

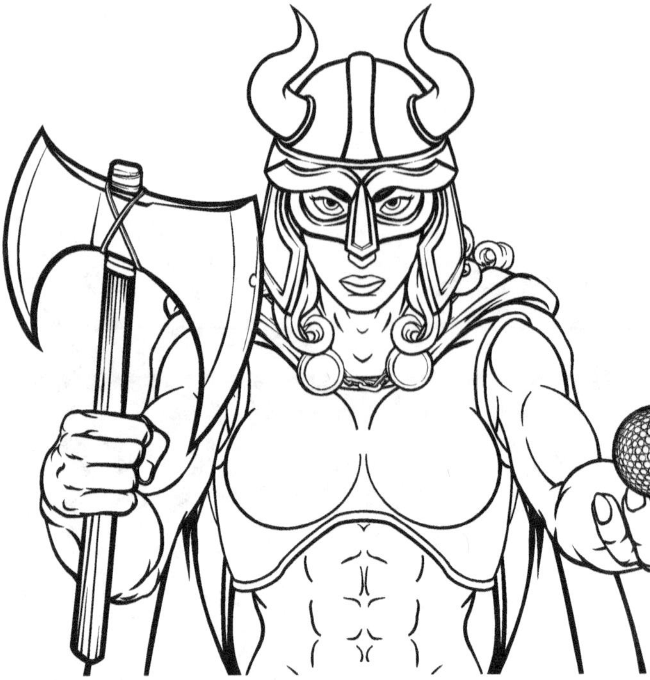

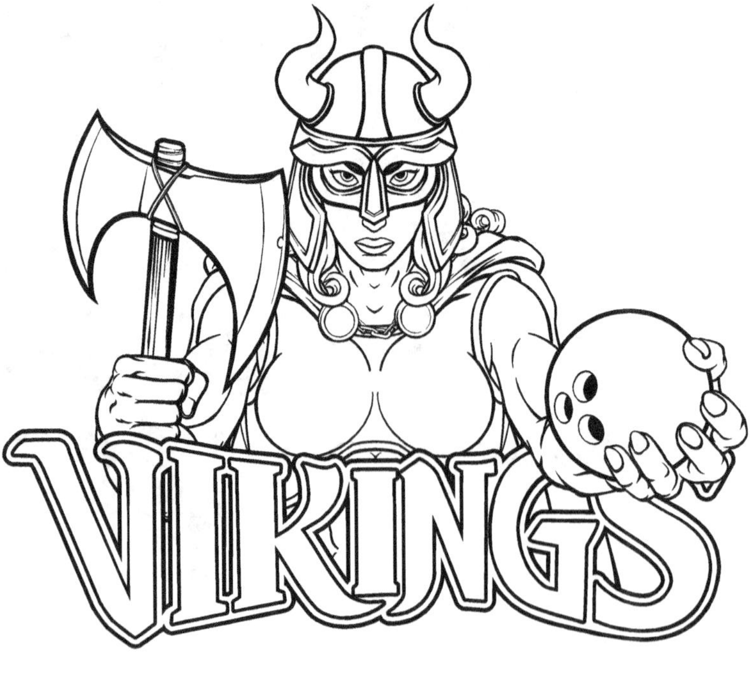
VIKINGS

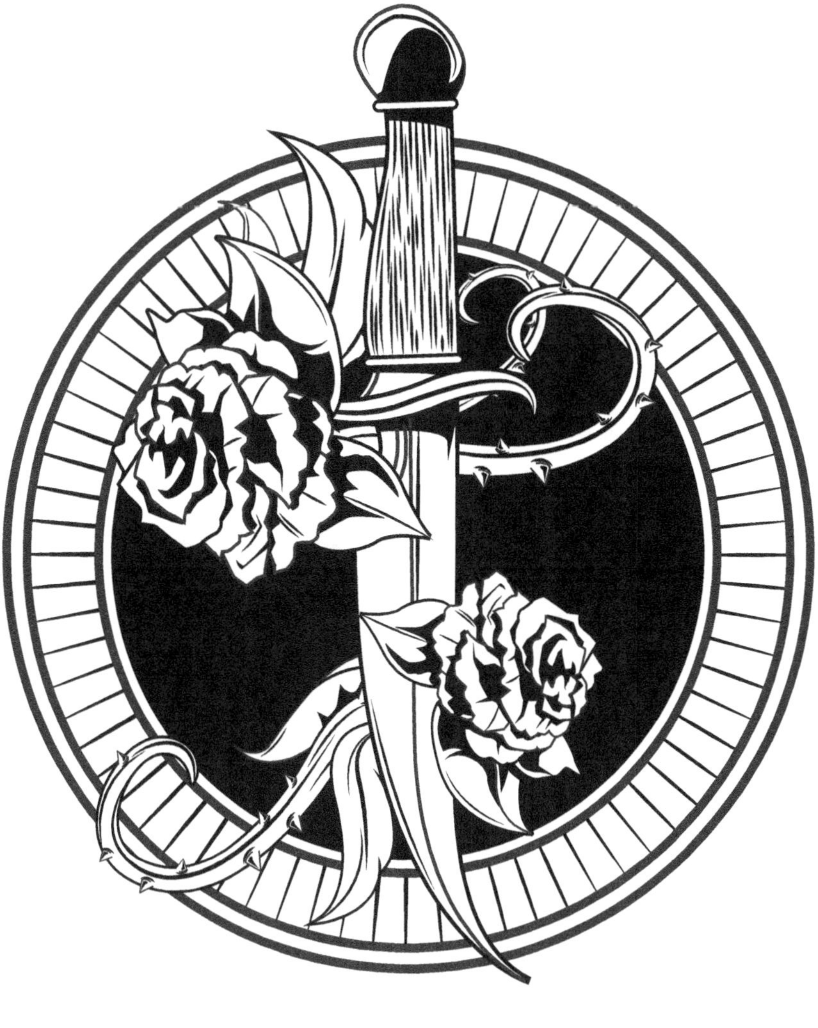

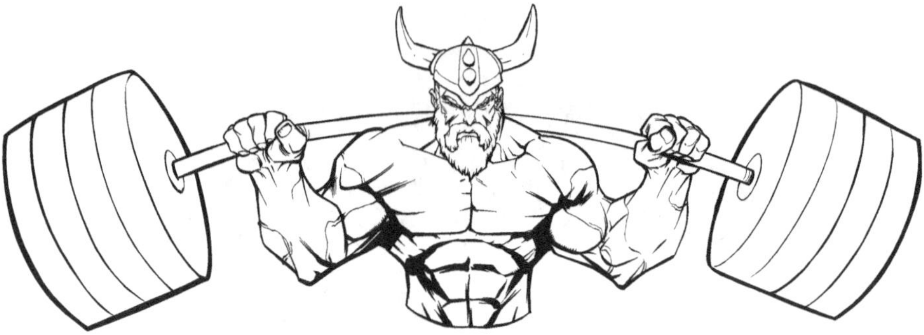

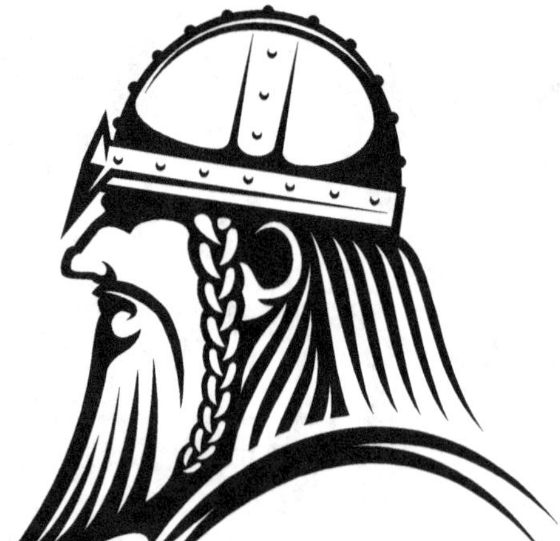

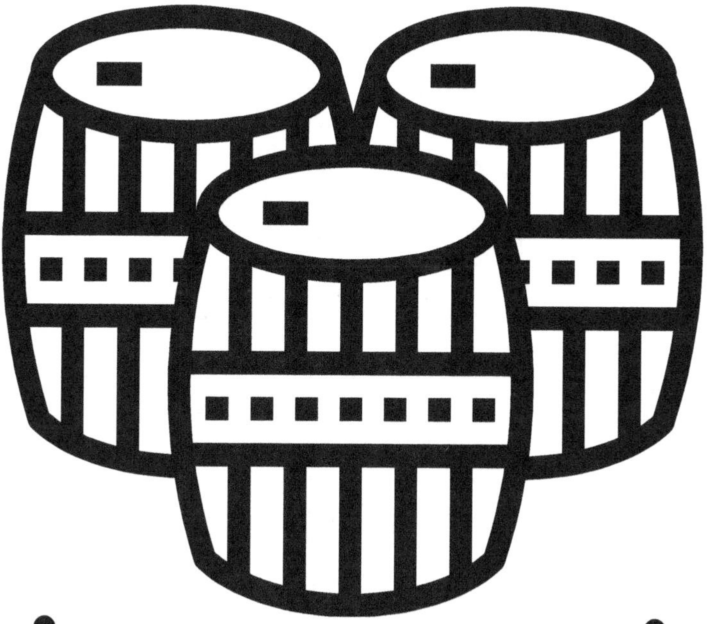

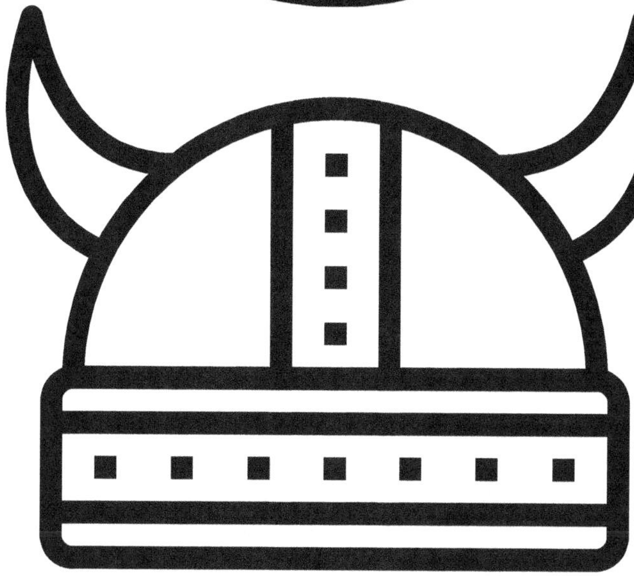

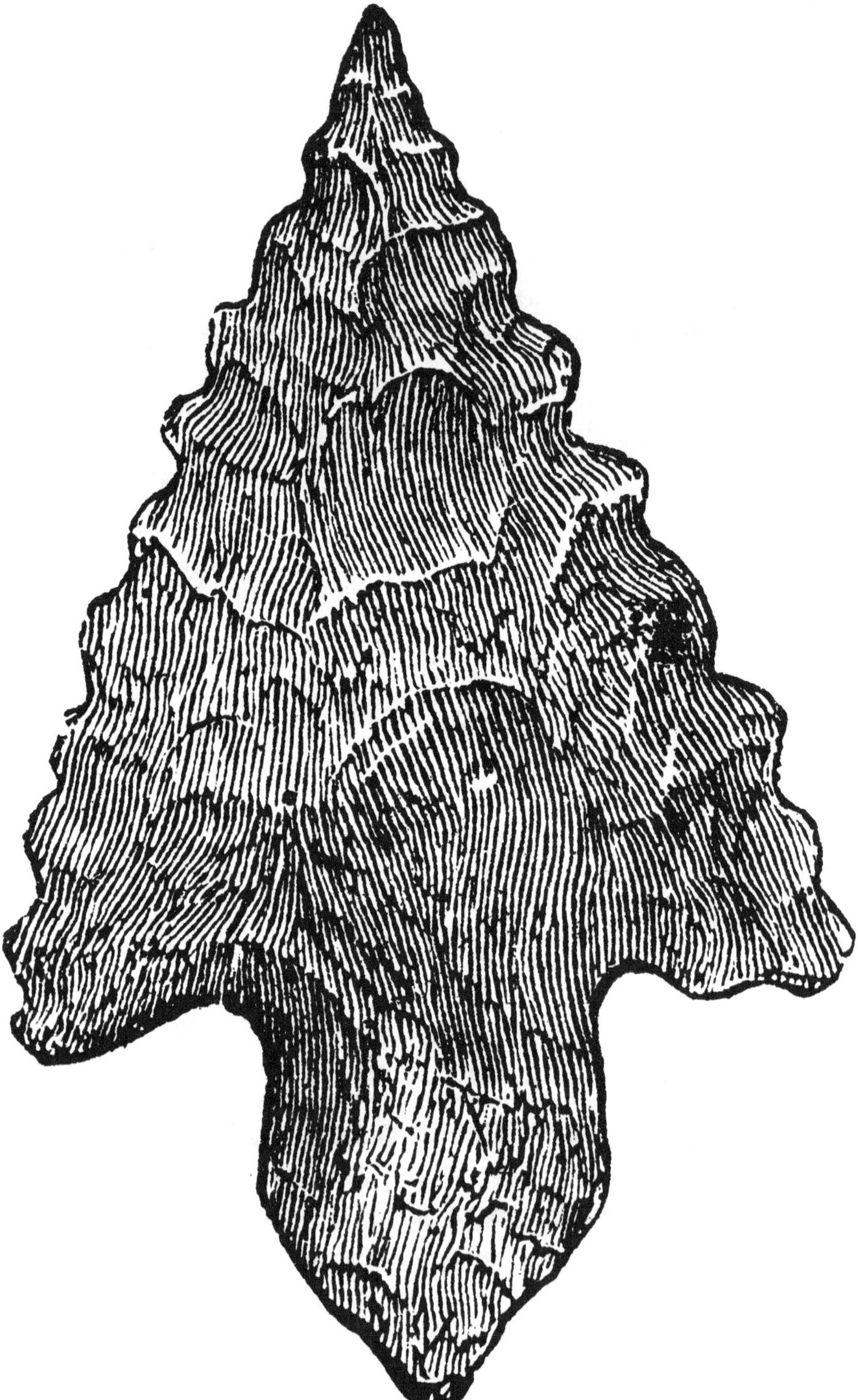

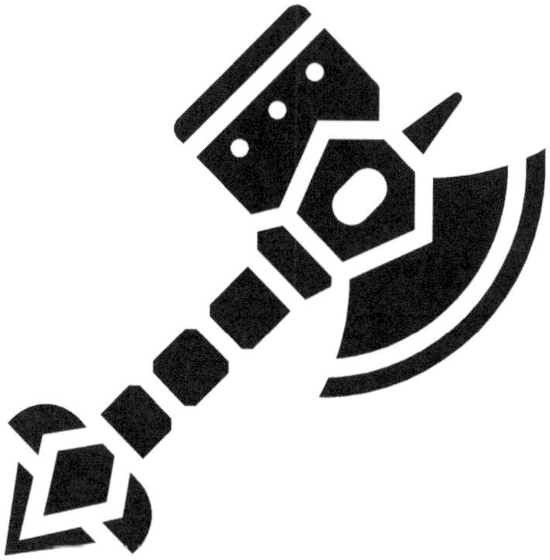

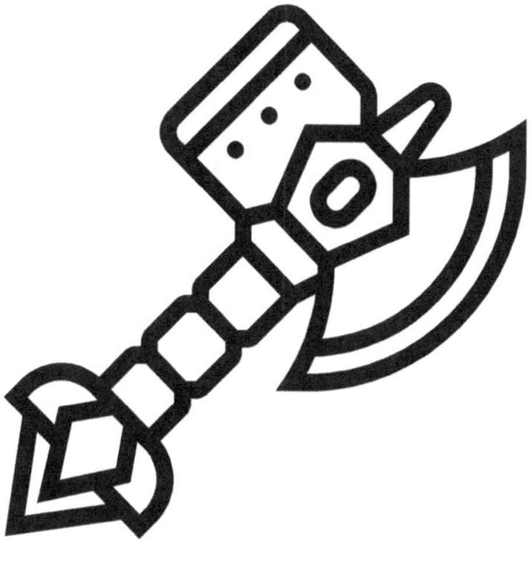

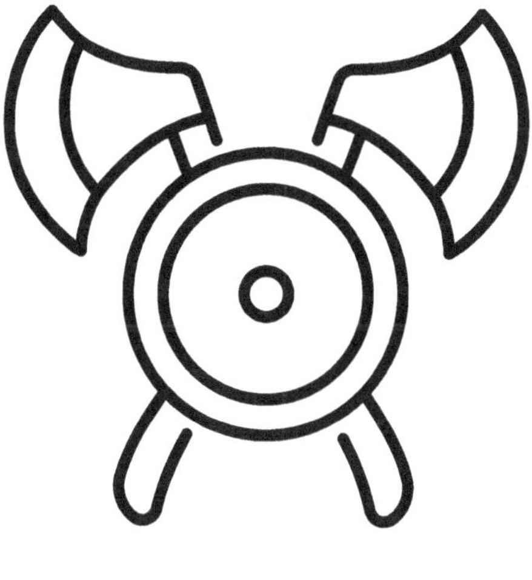

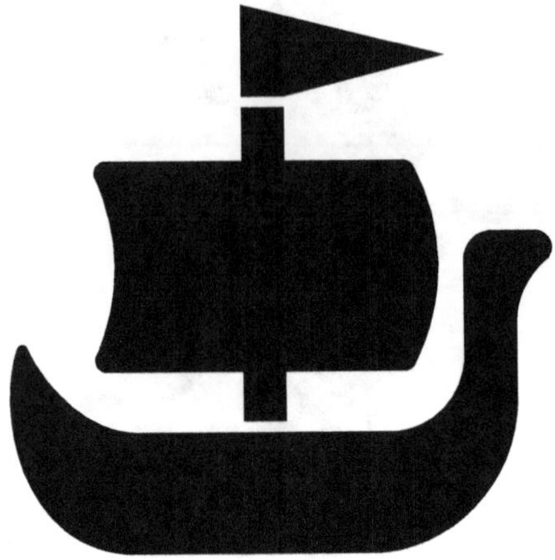

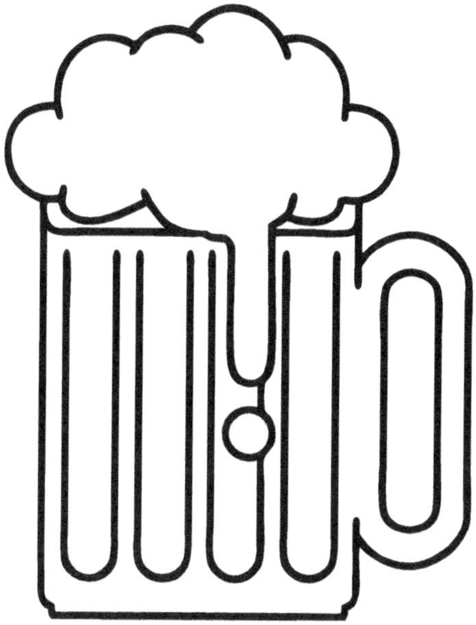

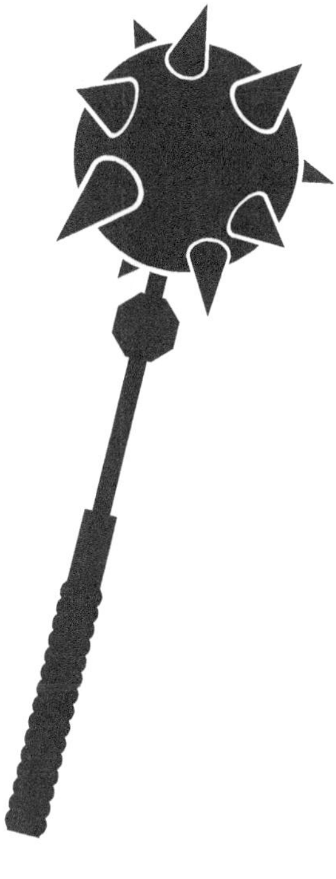

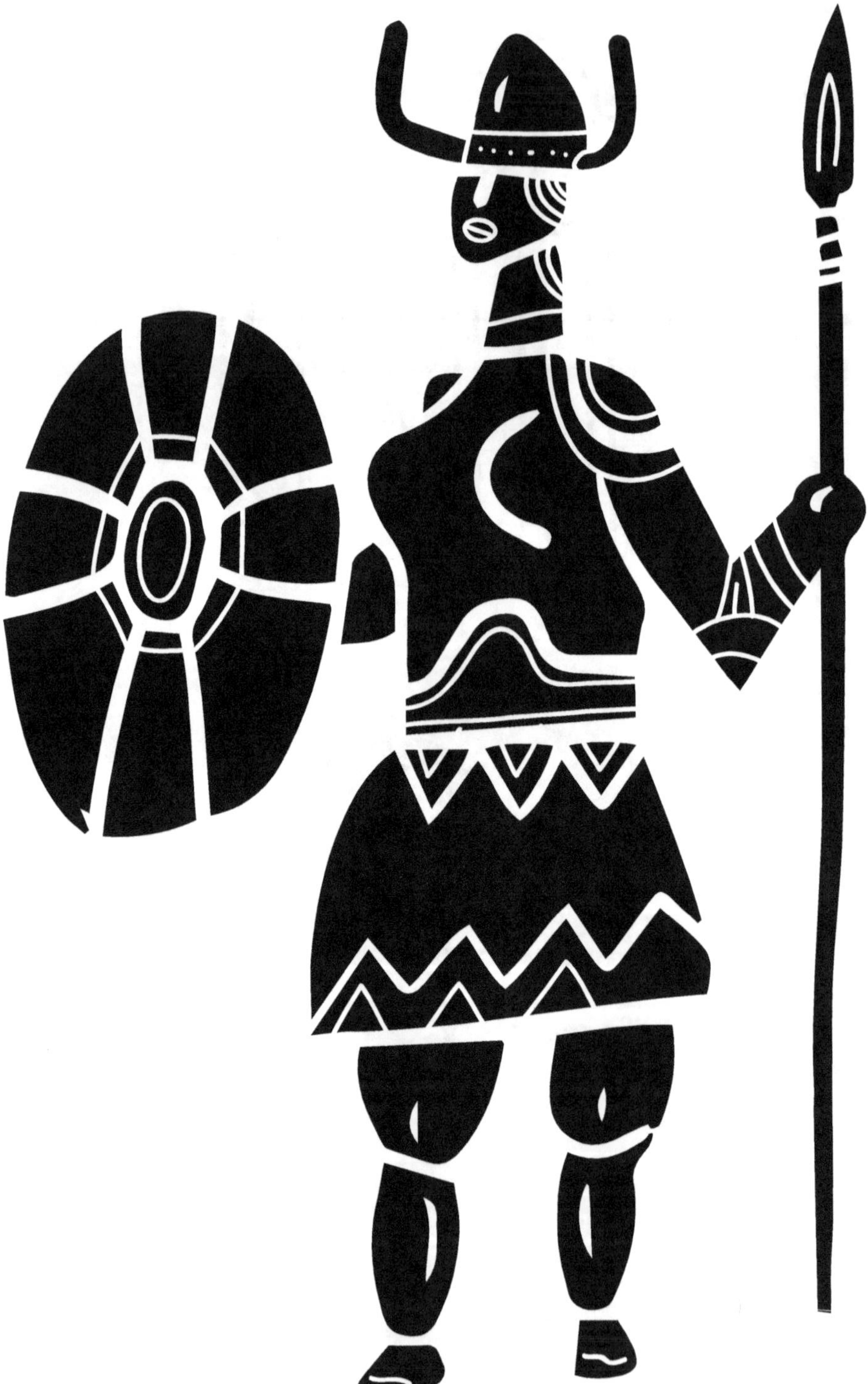

www.ingramcontent.com/pod-product-compliance
Lightning Source LLC
Chambersburg PA
CBHW072150230526
45467CB00042B/1640
9798712619184